Joni Eareckson/Steve Estes:
DER NÄCHSTE SCHRITT

JONI EARECKSON/STEVE ESTES

Der nächste Schritt

Illustriert von Joni Eareckson

SCHULTE & GERTH

Die amerikanische Originalausgabe erschien unter dem
Titel „A Step Further" im Verlag Zondervan Publishing House,
Grand Rapids, Michigan, USA
© 1978 by Joni Eareckson and Steve Estes
© der deutschen Ausgabe 1978
beim Verlag Schulte & Gerth, Asslar
© 1990 Verlag Klaus Gerth, Asslar
Aus dem Amerikanischen von Gerhard Jahnke

ISBN 3-89437-511-6
Best.-Nr. 15 511
1. Taschenbuchauflage 1982
2. Taschenbuchauflage 1984
3. Taschenbuchauflage 1985
4. Taschenbuchauflage 1986
5. Taschenbuchauflage 1987
6. Taschenbuchauflage 1988
7. Taschenbuchauflage 1989
8. Taschenbuchauflage 1990
Umschlaggestaltung: Gisela Scheer
Gesamtherstellung: Elsnerdruck, Berlin
Printed in Germany

INHALT

EIN PERSÖNLICHES WORT AN DEN LESER

Wer von Ihnen mein erstes Buch gelesen hat, wird sich daran erinnern, wieviel Zeit und Kraft ich gebraucht habe, bis ich meine Behinderung und ein Leben im Rollstuhl, das Gott für mich vorgesehen hat, annehmen und bejahen konnte. In diesem Buch entwickelte ich auch einige allgemeine Gedanken darüber, wie und was Gott durch unser Leiden wirkt. Ich war freudig überrascht, Tausende von Briefen von meinen Leidensgenossen zu erhalten, von Menschen, die wie ich mit Depression, Verzweiflung und Einsamkeit zu kämpfen haben. Viele schrieben, mein Buch hätte ihnen Mut gemacht und gezeigt, wie sie mit ihrem eigenen Leid fertig werden könnten. Nie hätte ich mir träumen lassen, daß es so viele verschiedene Nöte gibt. Ich erhielt Briefe von Eltern mit mongoloiden Kindern, von einsamen Witwen in Altersheimen, von Ehemännern, die sich in ihrer Verzweiflung das Leben nehmen wollten, von Hausfrauen, die dicht vor einem Nervenzusammenbruch standen, und von Jugendlichen, die sich durch unerlaubte Liebesverhältnisse ein schlechtes Gewissen eingehandelt hatten.

Zunächst kam mir die Aufgabe viel zu schwer vor, in diesem zweiten Buch Antworten auf so viele verschiedene Nöte zu geben. Vor allem sollte es ja für solche Menschen bestimmt sein, die sich hauptsächlich mit zwei Fragen herumquälen: Warum ist mir ein so schweres Schicksal auferlegt? und: Wie werde ich damit fertig? Dann wurde ich aber an die vielen erinnert, die mir damals bei meiner eigenen verzweifelten Suche und bei meinem Ringen mit Gott mit Rat und Tat zur Seite standen. Viele meiner Leser werden aus dem ersten Buch wissen, daß Gott einen jungen Mann namens Steve Estes gebrauchte, um meine Denkweise und meinen Glauben in einer besonderen Weise zu beeinflussen. Aus unserem Paulus-Timotheus-Verhältnis entstand in mir allmählich eine echte Liebe zu Gott und seinem Wort. Ich kenne Steve nun schon elf Jahre; und Gott schenkt mir durch diesen lieben Bruder immer wieder Trost und Ermutigung, aber auch neue Erkenntnisse und Einsichten. Der Same, der durch unsere Freundschaft in mein Leben hineingelegt wurde, trägt immer noch Frucht.

Da Gott Steve gebrauchte, um mir zu helfen, die Antwort auf viele meiner Fragen zu finden (dieselben Fragen, die mir in zahllosen Briefen gestellt werden), erschien es mir angebracht, meinen „Paulus" zu bitten, mir beim Schreiben dieses Buches behilflich zu sein. Mit großer Begeisterung und Freude haben wir unsere Aufgabe fertiggestellt. Wir haben uns sehr viel Mühe gegeben, viel geforscht und überlegt.

„Der Himmel" ist wohl mein Lieblingskapitel. Ach, wie sehr freue ich mich auf den Himmel! Als das wichtigste Kapitel würde ich das mit der Überschrift „Gottes Gedanken sind höher als unsere Gedanken" ansehen. Denn erst als ich anfing, Gott im richtigen Licht zu sehen, war ich in der Lage, mich mit meiner Krankheit auseinanderzusetzen. „Meine Heilung in Gottes Plan?" ist der Teil, mit dem ich am meisten Mühe hatte. Wenn Sie sich nicht mit dem Problem der Wunderheilung beschäftigen, können Sie dieses Kapitel ja überspringen. Aber ich muß sagen, daß diese Botschaft heute dringend notwendig ist.

Dieses Buch ist also ein weiterer Schritt, Sie an meinem Leben teilhaben zu lassen – ein Schritt hinein in weitere Kämpfe und Lektionen, Niederlagen und Siege. Ich behaupte keineswegs, alle Fragen im Blick auf das vielfältige Leid und Elend auf dieser Erde beantworten zu können. Doch ich möchte aus eigener Erfahrung berichten, wie Gott Menschen und Ereignisse benutzt hat, um sich mir deutlicher zu offenbaren, und wie ich gelernt habe, die mir auferlegten Prüfungen in der richtigen Haltung anzunehmen.

Ich möchte den Trost, den ich empfangen habe, weitergeben und bitte Gott, mein Leben und dieses Buch zu benutzen, um andere in ihren Prüfungen und ihrem Glaubensleben zu ermutigen und zu festigen. Vor allem bete ich darum, daß wir alle es noch besser lernen, Gott auch in unserem Leid die Ehre zu geben.

In der Liebe Jesu
Joni

Das Mosaik des Leidens

EINLEITUNG

Wieder wurde ich von Selbstmordgedanken gequält. Hier saß ich wie eine Raupe, die sich in einer
Segeltuchdecke verpuppt hatte. Ich konnte nur meinen Kopf bewegen und war schon fast eine Leiche.
Es bestand kein Fünkchen Hoffnung, jemals wieder
laufen zu können. Ich würde niemals ein normales
Leben führen und Dick heiraten können. Es ist sogar anzunehmen, daß er für immer aus meinem Leben verschwinden wird, überlegte ich. Ich konnte
mir beim besten Willen nicht vorstellen, wie ich diesem Leben mit Aufwachen, Essen, Fernsehen und
Schlafen noch einen Sinn abgewinnen sollte.

Warum in aller Welt soll ein Mensch gezwungen
werden, solch ein blödes, langweiliges Leben zu
führen? Ich betete darum, bei irgendeinem Unfall
ums Leben zu kommen, nur um nicht weiterleben
zu müssen. Die seelischen Qualen waren genauso
unerträglich wie die körperlichen Schmerzen.

Doch auch diesmal ergab sich für mich keine
Möglichkeit, Selbstmord zu begehen. Eine grenzenlose Verzweiflung packte mich. Ich war mutlos, zugleich aber auch wütend über meine Hilflosigkeit.
Oh, wie ich mir Kraft für meine Hände wünschte,
um etwas, irgend etwas, unternehmen zu können,
um diesem jämmerlichen Dasein ein Ende zu setzen
(Dezember 1967, aus dem Buch JONI).

Ich sitze auf unserem überdachten Balkon, von wo man eine schöne Aussicht auf die Hügel rings um unsere Pferdefarm hat, und nehme all die Gerüche und Laute dieses schönen Sommertages in mir auf. Es ist kaum zu glauben, daß ich einmal solche Gedanken gehabt habe. Ja, ich kann es fast nicht mehr nachempfinden. Ich bin zwar immer noch gelähmt; ich kann immer noch nicht gehen und muß mich immer noch baden und anziehen lassen. Aber ich bin nicht mehr verzweifelt. Und ich kann sogar ehrlich sagen, daß ich für mein Geschick dankbar bin.

Dankbar? Wie ist das möglich? Wie kam diese Veränderung zustande? Meine Kunst, meine Familie und meine Freunde halfen mir, mich aus meinen Depressionen herauszuholen. Doch vor allem habe ich es Gott und seinem Wort zu verdanken, daß ich heute für dieses Leben im Rollstuhl von Herzen dankbar sein kann. Er half mir, einen Teil der Steine zu dem Mosaikbild zusammenzusetzen, das mich anfänglich so erschreckt und verwirrt hatte. Es kostete zwar einige Mühe, doch rückblickend kann ich heute aus voller Überzeugung sagen, daß hinter der ganzen Not meiner Lähmung Gottes Liebe steht. Ich bin kein Versuchskaninchen und auch kein Objekt, das den Launen eines grausamen Schicksals ausgeliefert wäre. Gott hatte seine Gründe dafür, daß er mir diese Belastung schickte. Diese Erkenntnis änderte mit einem Schlag meine ganze Situation. Auch Ihr Leid ist nicht sinnlos. Gott weiß, warum er es Ihnen auferlegt hat.

1

ICH KANN DICH VERSTEHEN

Als es mir zum ersten Mal zum Bewußtsein kam, wie meine Lähmung mein ganzes Leben verändern würde, dachte ich: Mein Los ist das schwerste. Kein Mensch ist so übel dran wie ich! Wer ist schon auf eine so demütigende Behandlung angewiesen, sich baden oder den Urinbeutel leeren lassen zu müssen? Welches Mädchen kann sich noch nicht einmal an der Schulter kratzen oder sein Haar kämmen?

Natürlich merkte ich bald, daß sehr, sehr viele Menschen die gleichen oder sogar noch schwierigere Probleme haben. In den Krankenhäusern und Altersheimen auf der ganzen Welt müssen sich Tausende von Menschen täglich baden und ihre Urinflaschen leeren lassen. Viele Gelähmte können sich noch weniger bewegen als ich. Manche haben ihre Glieder ganz verloren, oder die Krankheit hat sie völlig verunstaltet. Wieder andere sind todkrank. Und obendrein haben manche dieser Leute Familien, die entweder nicht in der Lage sind, sie zu Hause zu pflegen, oder es nicht wollen. (Wenn sie überhaupt in der glücklichen Lage sind, Familien zu haben.)

Schließlich kam mir der Gedanke: Es gibt eine Art Leidensskala. Jeder Mensch befindet sich irgendwo auf dieser Skala, die von wenig bis viel reicht. Das ist wirklich wahr. Auf welcher Stufe der Skala wir uns auch befinden – das heißt, wieviel Leid wir auch zu ertragen haben – es gibt immer Menschen, die *unter* uns sind und weniger leiden, und solche, die *über* uns sind und mehr leiden als wir. Leider vergleichen wir uns im allgemeinen nur zu gern mit denen, die weniger zu ertragen haben. Auf diese Weise können wir uns selbst bemitleiden und so tun, als ob wir uns auf der obersten Stufe der Skala befänden. Aber sobald wir der Wirklichkeit ins Auge blicken und uns neben die stellen, die mehr leiden als wir, glänzen unsere Verwundeten-abzeichen nicht mehr so hell.

Etwa anderthalb Kilometer von meinem Eltern-haus in Baltimore entfernt, liegt ein schönes Kinderkrankenhaus mitten in einer Landschaft von grünen Hügeln und riesenhaften Ulmen. Manchmal fuhr ich nach der Schule mit meinem Fahrrad dort vorbei, oder ich schlenderte durch das Herbstlaub und wirbelte lässig die Blätter auf. Ich freute mich an dem schönen Park und dachte selten an die Kinder in dem Krankenhaus. Nie wäre mir der Gedanke gekommen, mich mit ihnen zu vergleichen, sondern nur mit diesem oder jenem Mädchen in der Schule, das hübscher war als ich. Als Schülerin des Gymnasiums war ich vom Schulleben völlig in Beschlag genommen, und es kam mir nie in den Sinn, daß meine Probleme im Vergleich mit den Nöten der Kinder, die manchmal jahrelang in diesem Haus verbringen mußten, völlig bedeutungslos waren. Was kümmerten mich verkrüppelte Kinder? Oder was gingen mich die hungernden Kleinen in

Indien an, von denen meine Mutter abends vorlas? Ich hatte mich um Wichtigeres zu kümmern – Rendezvous, Freunde und Freundinnen oder Sport!

Doch kurz nach meinem Unfall wurde ich in eben diesem Krankenhaus einige Wochen lang behandelt und operiert. Als Gott *mich* auf der Skala des Leidens um einige Stufen hinaufsetzte – ja, da sah die Sache auf einmal anders aus. *Nun* waren die sterilen Gerüche und die Atmosphäre des Krankenhauses für mich nicht mehr bloße Theorie, sondern rauhe Wirklichkeit. Eine ganz neue Welt hatte sich mir aufgetan, es war jedoch alles andere als eine schöne Welt.

Schließlich kam ich zu der Ansicht, *daß Gott uns unter anderem auch zu dem Zweck schwerere Prüfungen schickt, damit wir ein Empfinden für Menschen bekommen, die wir sonst nie verstehen würden.*

Ich möchte Ihnen einen Grund nennen, warum das so wichtig ist. Oft habe ich die Beobachtung gemacht, daß schwergeprüfte Menschen durch die begeisterten Zeugnisse von Christen, denen es gut geht, abgestoßen wurden. Stellen Sie sich einmal vor, Sie lägen als todkranker Patient in einem Krankenhaus und würden von Ihrem Bett aus fernsehen. Wie würden Sie wohl reagieren, wenn ein attraktiver, talentierter junger Christ, der das Leben scheinbar nur von seiner besten Seite kennt, plötzlich auf dem Bildschirm erschiene und erzählte, wie Jesus Christus einem Menschen in allen Prüfungen des Lebens Sieg geben kann? Sicher würden Sie sich sagen: „Was weiß denn dieser Bursche schon vom Leben? Er ahnt ja nicht einmal, was Schmerzen sind. Wenn er meine Probleme hätte, wäre es bald vorbei mit seinem Reklamelächeln und seinem Geschwätz von wegen 'Jesus gibt dir Freude'."

Es wäre schön, wenn die Botschaft des Evangeliums um ihrer selbst willen angenommen oder abgelehnt würde. Doch in Wirklichkeit ist sie kaum von dem Menschen, der sie anbietet, völlig zu trennen.

Damit will ich wahrhaftig nicht sagen, daß Sie hinausgehen, sich das Genick brechen und einen Rollstuhl kaufen sollen, damit man Ihnen zuhört! Selbst als Gelähmte habe ich Menschen getroffen, die mir kaum zuhörten, wenn ich über das Leid sprach. Sie sahen nur den großen Unterschied zwischen meiner Gesundheit und ihrer chronischen Krankheit; sie sahen, daß ich viel reisen kann, während sie ans Bett gefesselt sind, daß mir meine Familie hilft, sie aber keine Angehörigen mehr haben.

Manche lassen sich eben am ehesten von einem Menschen ansprechen und trösten, der ein ähnliches Problem hat wie sie selbst. Ich kann nachempfinden, wie es einem Gelähmten zumute ist. Sie können das vielleicht nicht. Doch Sie können sich in Schwierigkeiten hineinversetzen, die mir fremd sind, zum Beispiel in Eheprobleme. Wir können als Christen gewöhnlich die Leute am besten erreichen, die weniger oder genauso viel wie wir durchmachen, nicht aber solche, die mehr zu tragen haben. Gott hat einen jeden von uns an den Punkt der Leidensskala gestellt, den er für richtig hält. Aber denken Sie daran: Er behält sich das Recht vor, uns jederzeit hinauf- oder hinabzuschieben, um uns neue Möglichkeiten des Dienens zu eröffnen.

Vor zehn Jahren gab ich mein Zeugnis in einer

Landgemeinde in Südpennsylvanien. Nach dem Gottesdienst unterhielt ich mich mit einigen Gemeindegliedern. Dabei beobachtete ich einen großen, gutaussehenden Mann, der mit seiner Familie im Hintergrund stand. Schließlich kam er auf mich zu und sprach mich an: „Entschuldige, Joni, ich bin Doug Sorzano. Ich wollte dir nur sagen, daß ich es dir trotz meines guten Willens nicht nachfühlen kann, was du durchmachst. Weißt du, eine Lähmung oder ein schrecklicher Unfall sind mir etwas ganz Fremdes. Ich habe eine hübsche Frau und liebe, gesunde Kinder – hier sind sie. Ich möchte Dich ihnen vorstellen."

Dann sagte er mir, wie tief er von allem, was er an diesem Abend gehört und gesehen habe, bewegt und beeindruckt sei. Aber er gab ehrlich zu, daß er das Ausmaß meines Leidens nicht erfassen könne. Er konnte einfach nicht sagen: „Ich weiß genau, was du durchmachst."

Später, auf dem Heimweg in unserem Wagen, beteten meine Begleiterinnen und ich, Gott möge mein Zeugnis benutzen, um Menschen zu helfen.

Wochen vergingen. Ich zeichnete und las und war hin und wieder zum Reden eingeladen.

Eines Nachmittags - es war vielleicht einen Monat nach meiner Begegnung mit Doug - rief mich eine Nachbarin der Familie Sorzano an, die an jenem Abend in Pennsylvanien in der Versammlung gewesen war. Sie teilte mir mit, daß etwas Schreckliches geschehen sei.

„Es war am letzten Sonnabend, Joni. Doug war schon immer ein Motorradfan und verbrachte einen großen Teil seiner Freizeit auf seinem Rad. Er fährt bestimmt gut. Aber diesmal wollten er und seine Freunde ein neues Waldgebiet durchkämmen."

„Erzähl weiter", sagte ich stockend.

„Nun, soweit wir erfahren konnten, sah er eine Kurve zu spät. Jedenfalls stieß er mit dem Vorderrad gegen einen Baumstamm, der im Dickicht lag. Er wurde ein ganzes Stück weit geschleudert ... "

Ich hörte gespannt zu, aber meine Gedanken eilten dem Gehörten voraus. Kaum getraute ich mich zu fragen, wollte es aber doch wissen, und so unterbrach ich sie: „Ist er... äh... das heißt, hat er...?"

Sie erriet meine Gedanken und antwortete mitten im Satz. „Er hat sich einen Halswirbelbruch zugezogen."

Peinliche Stille.

Was für ein Schreck! Ich traute meinen Ohren kaum.

Zum Glück konnte sie nicht sehen, wie erschüttert ich war. Ich beherrschte mich, so gut ich konnte, und wollte etwas sagen, doch ich wußte nicht genau, was. Schließlich konnte ich nichts anderes tun, als ihr versprechen, dieser Familie in den nächsten Tagen telefonisch oder brieflich mitzuteilen, daß ich in dieser schweren Zeit für sie beten wolle.

Nach diesem Telefongespräch gab ich mir alle Mühe, mich an die kurze Unterhaltung mit Doug zu erinnern: „Ich habe noch nie einen schweren Unfall gehabt, Joni, habe eine hübsche Frau und liebe, gesunde Kinder. – Ich kann nicht nachfühlen, was du durchmachst."

Später erfuhr ich, daß dieser Mann vom Schultergürtel an abwärts gelähmt und völlig verzweifelt war.

Meine Schwester brachte Füller und Schreibpapier in mein Zimmer und half mir, an Doug und seine Familie einen Brief zu schreiben. Aber was soll man jemandem schreiben, der sich gerade das Genick gebrochen hat? Soll man Ratschläge erteilen? Nein, jetzt noch nicht. Oder auf Bibelstellen hinweisen? Gut, aber vielleicht wäre es angebracht, ein paar persönliche Zeilen zu schreiben. Was braucht ein Mensch wirklich, wenn er Schmerzen hat? Ich denke, er braucht Liebe und Verständnis. Ja, er braucht jemanden, der weiß, was er durchmacht. Und das weiß ich aus Erfahrung.

Ich bin so froh, daß ich Doug mit meinem Brief wirklich trösten konnte. Meine eigene Lähmung machte es mir möglich, mich in seine Lage zu versetzen und die Dinge aus seiner Sicht zu sehen. So konnte ich ehrlich sagen: „ Ich weiß genau, wie dir zumute ist."

Diese Worte sind wie Balsam für die Seele, aber nur dann, wenn sie durch unser eigenes Erleben glaubwürdig erscheinen. Die Leute spüren, ob wir sie wirklich verstehen *oder* nicht, ob wir die Angst, die ihnen im Nacken sitzt, mitempfinden können. Wenn uns die Worte: „Ich weiß, was Sie durchmachen", leicht von der Zunge gehen, klingen sie hohl und leer. Wenn sie aber aus dem Herzen kommen, können sie eine echte Hilfe bedeuten.

Jesus kam unter anderem auch zu dem Zweck auf die Erde, daß man ihm nicht den Vorwurf machen konnte, in der Herrlichkeit des Himmels hätte er keine Ahnung von den Leiden und Schmerzen der Menschheit. „ . . . denn worin er selbst gelitten hat, als er versucht wurde, kann er denen helfen, die versucht werden" (Hebräer 2,18). „Wir haben nicht einen Hohenpriester, der kein Mitleid haben könnte mit unsren Schwachheiten ... " (Hebräer 4,15). Wenn Jesus Not und Entbehrungen auf sich nahm, um der leidenden Menschheit zu zeigen, daß er nicht davor zurückschreckte, dann soll unser Leid dazu dienen, die Schmerzen anderer mitzufühlen. Deshalb habe ich gelernt, mein Unglück als ein besonderes Eingreifen Gottes zu sehen, das es mir ermöglicht, Menschen in einer ähnlichen Situation zu verstehen und zu trösten!*

Bis jetzt habe ich über unsere Beziehung zu solchen Menschen gesprochen, die mit größeren Schwierigkeiten zu kämpfen haben als wir, Menschen, die sich mit dem Tod, einer unheilbaren Krankheit oder dem Bankrott auseinandersetzen müssen (um nur ein paar Nöte zu nennen). Aber das ist nicht alles.

Einige Monate nach meinem Unfall merkte ich langsam, aber sicher, daß die kleinen Alltagssorgen meiner Freunde und Verwandten – abgebrochene Fingernägel, Zahnarztrechnungen, Heuschnupfen oder eingebeulte Kotflügel – für sie genauso real waren wie für mich meine Unbeweglichkeit. Da wurde mir allmählich klar: Jeder hat irgendeine Last zu tragen, niemand ist ausgenommen, und jeder empfindet diese Last als etwas Unangenehmes, wie viel oder wie wenig er auch zu tragen hat. Eine lästige Fliege kann uns für einen Augenblick ebenso

* Inzwischen hat sich Doug Sorzano mit seiner Lähmung abgefunden und trägt sein Schicksal in vorbildlicher Weise. Als ich am Telefon mit ihm sprach, erfuhr ich, daß er anderen Leidensgenossen seinen Glauben an Jesus bezeugt.

die Freude rauben wie ein gebrochenes Bein in einem Gipsverband.

Und da jeder mit mehr oder weniger großen Problemen und Schmerzen zu kämpfen hat, wendet sich die Bibel zweifellos an uns *alle* , wenn sie vom Leiden spricht. Die Gnade Gottes reicht für einen Gelähmten ebenso aus wie für einen Jungen, der traurig darüber ist, daß er nicht in die Fußballmannschaft aufgenommen wird. Eine Hausfrau, deren Kuchen mißlungen ist, und ein an Leukämie Erkrankter brauchen dieselbe göttliche Hilfe. Daraus können wir eine wichtige Lektion lernen, wenn es darum geht, anderen Leidenden eine Hilfe zu sein. Zwar können wir mit unseren Leidensgenossen, die dieselben Probleme haben wie wir, am ehesten mitfühlen, doch können wir auch eine große Ermutigung für solche sein, die einen schwereren Packen zu tragen haben als wir. Denn wir brauchen dieselbe Gnade, um mit unseren kleinen Problemen fertig zu werden, wie sie, um ihre großen zu meistern. Lassen Sie mich das an einem Beispiel erläutern.

Ich wohne auf einer schönen Farm im Herzen von Maryland, mitten in einem Hügel- und Weideland. In der ganzen Gegend findet man hier und da alte Ställe, Scheunen und Brunnenhäuschen, die vor Jahrzehnten erbaut wurden.

Ein solches Gebäude befand sich auch auf unserer Farm. Es war ein schöner alter Stall, den vor langer Zeit holländische Bauleute aus Pennsylvanien, die offensichtlich etwas von ihrem Handwerk verstanden, gebaut hatten. Zahllosen Stürmen hatte er getrotzt und Generationen kommen und gehen sehen. Mein Vater liebte den alten Stall und richtete sich dort eine Werkstatt ein, in der er allerlei Gegenstände aus Holz, Leder und Metall bastelte.

Doch vor etwa fünf Jahren, an einem Freitagabend im Sommer, änderte sich das alles mit einem Schlag. Meine Schwester Kathy, ihr Mann Butch und ich saßen gemütlich im Eßzimmer und plauderten bis in die Nacht. Während Butch lässig auf seiner Gitarre spielte, warfen wir hin und wieder durch das geöffnete Fenster einen Blick zum Sternenhimmel hinauf. Von draußen war das Zirpen der Grillen und andere ländliche Geräusche zu hören; alles schien in bester Ordnung zu sein. Plötzlich quietschten die Reifen eines Autos. Das mußte auf der engen, kurvenreichen Straße vor unserem Haus sein. Doch selbst darauf achteten wir kaum. Da rasen öfter mal junge Leute vorbei.

Aber an diesem Abend war es anders. Das Auto fuhr nicht am Haus vorüber, um dann in der Ferne zu verschwinden, sondern hielt an der Koppel bei unserem Stall. In der plötzlich eintretenden Stille blickte Butch verdutzt auf, wir sahen uns fragend an, und die Gitarre verstummte. Kathy trat ans Fenster und bemühte sich vergeblich, mit den Augen die Dunkelheit zu durchdringen. Außer einem Nachtfalter, der um die Lampe flatterte, rührte sich nichts.

Plötzlich fuhr der Wagen weiter.

Nach einer kleinen Weile meinte Kathy, sie sähe draußen ein Licht aufflackern ... und kurz darauf wieder. „Joni! Butch!" schrie sie auf einmal. „Der Stall brennt!" Butch rannte zum Telefon und suchte im Telefonbuch nach der Nummer der Feuerwehr.

Ich konnte natürlich nicht helfen und beobachtete Kathy, wie sie zur Tür hinaus und zum Stall rannte. Butch hinterher.

Inzwischen war die ganze Umgegend bereits taghell erleuchtet. Schwarze Rauchsäulen stiegen durch das alte Dach. Als die Feuerwehr schließlich kam, war es zu spät. Nach einer Stunde war von dem Stall nur noch ein rauchender Trümmerhaufen übriggeblieben.

Das Herz blutete mir, als ich am nächsten Tag meinen Vater, einen kleinen, siebzigjährigen Mann, der viel an Arthritis leidet, in der schwelenden Asche und dem Schutt herumstochern sah. Er suchte nach Resten von seinen Werkzeugen und Möbelstücken, die er im Laufe der Jahre angesammelt hatte. Sein einziger Trost war, daß wenigstens die alten steinernen Grundmauern die Feuerprobe überstanden hatten.

Doch Papa beklagte sich mit keinem Wort. Er war auch nicht niedergeschlagen oder machte Gott Vorwürfe. Statt dessen stürzte er sich sofort in die Arbeit und begann mit dem Wiederaufbau. In zwei Monaten hatte er einen neuen Stall gebaut – ein echtes Zeugnis seines unerschütterlichen Glaubens.

So unglaublich es auch klingen mag: Zwei Jahre später mußte unsere Familie dieselbe Tragödie noch einmal durchmachen. Es war in einer Sommernacht, wieder brannte der Stall! Diesmal wußten wir nicht, wie das Feuer entstanden war, doch die Folgen waren dieselben. Mit heulenden Sirenen rasten die Feuerwehrautos heran. Wieder mußten die Nachbarn die Pferde festhalten, damit sie in ihrer Angst nicht durch die Zäune brachen. Die herbeigeeilten Menschen konnten wegen der großen Hitze nicht näherkommen; und das Feuer versengte die Blätter der nahestehenden Bäume. Zum zweiten Mal sammelte Papa die Reste zusammen und fing wieder von vorn an. Er traute Gott zu, daß er wußte, was er tat.

Meine Schwestern und ich beobachteten tief bewegt, wie sich unser Vater ohne Murren dem Willen Gottes beugte und auch dieses erneute Unglück aus seiner Hand annahm. In seiner Charakterstärke war Papa besonders mir ein großes Vorbild und eine Ermutigung. Er hatte in diesen zwei Bränden viele wertvolle Dinge verloren, die ihm lieb gewesen waren. Und doch war dieser Verlust nicht so schlimm wie mein Unfall. Papa war noch nie gelähmt, und deshalb kann er nicht zu mir sagen: „Ich weiß, was du durchmachst." Seine Prüfungen waren auf der Stufenleiter des Leidens tiefer als meine. Aber durch die Art und Weise, wie er damit fertig wurde, lernte ich eine ganze Menge. Er murrte nicht und lehnte sich in keiner Weise gegen Gottes Willen auf. Dadurch kam ich zu der Überzeugung, *daß ein Christ nicht immer in demselben Ausmaß und in derselben Weise wie seine Mitchristen leiden muß, um ihnen eine echte Hilfe sein zu können* .

Von weitem beobachtete ich meinen Vater, wie er wieder im Schutt herumwühlte und seine Scheune zum zweiten Mal aufbaute. So wurde ich erneut daran erinnert, daß wir uns alle auf der Stufenleiter des Leidens befinden, der eine steht weiter oben, der andere weiter unten. Gott gibt manchen von uns besonders schwere Lasten zu tragen, so daß wir mit anderen, die sich in der gleichen Lage befinden, mitfühlen und ehrlichen Herzens sagen können: „Ich weiß, was du durchmachst". Doch es ist ebenso wahr, daß wir auch solche Menschen erreichen und trösten können, die viel mehr leiden als wir, wenn wir in unseren geringen Nöten Gott treu sind.

Das meinte der Apostel Paulus wohl, als er vor langer Zeit solche und ähnliche Gedanken mit folgenden Worten so treffend ausdrückte: „Gepriesen sei der Gott und Vater unseres Herrn Jesus Christus, der Vater der Erbarmungen und Gott allen Trostes, der uns tröstet in all unserer Drangsal, damit wir die trösten können, die in allerlei Drangsal sind, durch den Trost, mit dem wir selbst von Gott getröstet werden" (2. Korinther 1,3-4).

2

VIELE GLIEDER – EIN LEIB

Haben Sie schon einmal festgestellt, daß die besten Dinge im Leben am meisten mißbraucht werden können? Denken wir nur an das Feuer, eine der größten Entdeckungen des Menschen. Dieselbe Flamme, mit der ein Steak gegrillt wird, kann große Flächen wertvollen Waldbestandes in wenigen Minuten vernichten – oder einen Stall niederbrennen. Oder wenn wir an den Geschlechtstrieb denken, auch er kann zum Guten und zum Schlechten eingesetzt werden. Nach Gottes Plan soll er dazu beitragen, Mann und Frau aneinander zu binden, ihnen Freude zu bereiten und ihnen Kinder zu schenken. Doch wieviel Schuld, Herzeleid und Tränen wurden gerade durch den Mißbrauch des Geschlechtstriebs verursacht!

So verhält es sich auch mit dem Leiden. Zwar ist es ein Werkzeug in Gottes Hand, um unseren Charakter zu formen, aber es kann uns auch sehr ichbezogen machen. Ich habe viele Stunden damit verschwendet, daß ich mich selbst bemitleidete und mich der Vorstellung hingab, durch meinen Unfall habe Gott mich für meine Sünden bestrafen wollen. Er dachte gar nicht daran. Es war mir zwar damals noch nicht bewußt, doch die ganze Tragödie meiner Lähmung war und ist ein Beweis seiner Liebe zu mir und zu meinen Mitmenschen. Gott möchte uns durch unsere Prüfungen nicht nur befähigen, Mitgefühl füreinander zu empfinden, sondern uns wirklich gegenseitig aufzubauen.

Diese Lektion mußte ich im Winter 1975 lernen. Der Pastor einer großen Baptistengemeinde in Wichita in Kansas hatte mich zur Jahresmissionskonferenz seiner Gemeinde eingeladen, um dort mein Zeugnis zu geben. Mit Freuden sagte ich zu. Zum einen hatte ich gerade angefangen zu reisen, und es machte mir große Freude, von Ort zu Ort zu fliegen und vor den verschiedensten Menschen zu sprechen. Zum anderen hatte ich noch nie an einer Missionskonferenz teilgenommen, geschweige denn eine Ansprache gehalten. Ich wußte nicht viel von Mission und hatte mich noch nie mit Missionaren unterhalten. Ich bildete mir ein, das Leben eines Missionars bestünde hauptsächlich aus gefährlichen Märschen durch den Urwald, wobei sie mit ihren Buschmessern Schlangen töteten. Meine Reisebegleiterinnen, Sherry und Julie, wußten nicht mehr als ich. Während dann die Missionare berichteten, saßen wir drei in der hintersten Reihe der großen, überfüllten Kirche und waren ganz Ohr. Wer weiß, vielleicht erzählten sie etwas von Kannibalen!

Aber wissen Sie, was uns dabei klar wurde? Auch Missionare sind Menschen wie wir! Als wir die Berichte ihrer täglichen Kämpfe und Siege in Übersee, in Ländern wie Brasilien, Japan und den Philippinen, hörten, wurden wir uns der Verantwortung ihnen gegenüber bewußt. Schließlich waren wir ja eins mit ihnen in dem, was die Bibel den „Leib Christi" nennt, auch wenn wir Tausende von Kilometern voneinander entfernt wohnen. Das wurde besonders deutlich, als Christen, die aus dem kommunistischen Rumänien geflüchtet waren, den Konferenzteilnehmern ans Herz legten, wie sehr die Gläubigen hinter dem Eisernen Vorhang mit unseren Gebeten rechnen. Ich war so dankbar für die Berichte der Missionare, daß ich mich auf die Schlußversammlung am Sonntagabend freute, während der auch ich Gelegenheit haben sollte, ihnen etwas zu sagen.

Doch in dieser Woche trafen wir nicht nur Missionare. Jeden Abend saßen wir mit einer Anzahl Jugendlicher aus der Gemeinde zusammen und schlossen Freundschaft mit ihnen. Als dann nach der Samstagabendversammlung niemand von uns Lust hatte, nach Hause zu gehen, beschlossen wir, alle zusammen eine Eisdiele aufzusuchen. Es war bereits elf Uhr, doch wir hatten noch viel Spaß miteinander.

Nachdem wir unsere Milchmixgetränke ausgeschlürft und bezahlt hatten, zog mir Sherry den Mantel an und wir traten hinaus in die nächtliche Winterluft. Seit meinem Unfall arbeitet der „Thermostat" meines Körpers nicht mehr einwandfrei. Deshalb kann ich mich nur schwer an besonders hohe oder niedrige Temperaturen anpassen. Da der Parkplatz inzwischen leer war, bat ich Sherry, meinen Rollstuhl nach hinten zu kippen, damit wir wegen der Kälte möglichst schnell zum Auto kämen.

So glitten zwei lachende Gestalten in der Dunkelheit über den glatten Asphaltsee und steuerten auf den Leuchtturm in der Ferne, eine Straßenlaterne, zu. Die Schwärze der Nacht ließ keine Gefahr vermuten. Unsere Gedanken waren noch bei dem fröhlichen Zusammensein in der Eisdiele; wir dachten an nichts Böses. Wer hätte geahnt, daß sich an einer Stelle, ein paar Meter vor uns, Glatteis gebildet hatte, das wir im Dunkeln natürlich nicht sehen konnten?

Sherry stieß einen Schreckensruf aus. Sie glitt aus, der Wagen geriet ins Schleudern und fuhr nur noch auf einem Rad. Mit dem Gesicht voraus flog ich durch die Luft. Durch meine Lähmung konnte ich nicht einmal den Aufprall mit den Händen abfangen. Ich sah die Bordsteinkante auf mich zukommen und konnte nur noch das Gesicht verziehen und die Augen zusammenkneifen. Das alles spielte sich im Bruchteil einer Sekunde ab.

Mein Gesicht schlug so hart auf, daß ich buchstäblich Sternchen sah. Den Aufprall meines übrigen Körpers spürte ich nicht, aber ich merkte, wie ich neben unseren Ford-Kombi rollte.

„O nein!" hörte ich Sherry entsetzt rufen.

Es ist merkwürdig, in einem solchen Augenblick scheint sich alles zu verlangsamen. Jeden Ton hört man überdeutlich. Jede Kleinigkeit prägt sich unserem Gedächtnis unauslöschlich ein. „Komm hierher, Sherry!" Ich hörte gedämpftes Sprechen und Schritte auf dem Asphalt. Eine Geldbörse fiel klappernd zu Boden, Münzen rollten umher (das Geld für meine Karten und Zeichnungen, die wir am Abend verkauft hatten). „Oh, ihr ganzes Gesicht ist voll Blut!" schrie ein Mädchen.

Die jungen Leute umringten mich; doch ich sah sie nicht, weil ich die Augen fest geschlossen hielt, damit kein Blut hineinlief. Ich kann mich erinnern, daß ich meinen Hals leicht bewegte, um mich zu vergewissern, daß er nicht gebrochen war. Mit meiner Zunge überprüfte ich meine Zähne; keiner war ausgeschlagen, und auch mein Unterkiefer war noch heil.

Nun kniete ein Mädchen neben mir nieder, bettete meinen Kopf in ihre Hände und legte ihn in ihren Schoß. Es war Julie. Immer wieder fragte sie mich, ob alles in Ordnung sei, und ich nickte nur. An ihrem unterdrückten Schluchzen merkte ich, daß sie versuchte, ihr Weinen vor mir zu verbergen. Sie hielt es für ihre Pflicht, ruhig und stark zu bleiben.

Und plötzlich wurde ich mir meiner eigenen Verantwortung bewußt. In dieser Woche hatten mich einige der jungen Leute gefragt, wie ich es schaffte, das Leben in einem Rollstuhl zu bewältigen, und ich hatte ihnen erklärt, daß wir unsere Prüfungen ohne Murren annehmen müßten. Gemeinsam hatten wir in die Bibel geschaut und festgestellt, daß uns alle Dinge, auch schwere, unverständliche Wege, zum Besten dienen. Nun hatte ich die Gelegenheit, meine Worte in die Tat umzusetzen. Wie würde ich reagieren?

Die ganze Woche über hatte ich von diesen Missionaren gelernt, daß ich den anderen Gliedern des Leibes Christi gegenüber verpflichtet bin. „Hier steht jetzt ein Teil dieses Leibes", schoß es mir plötzlich durch den Kopf, *„die Jugendgruppe und all die anderen. Sie schauen auf mich."*

Aber mein alter Mensch wollte sich nicht um „die anderen" kümmern, nur um sich selbst. Und ich fror gerade schrecklich und litt starke Schmerzen.

„Wieso muß gerade mir das passieren? Hatte ich nicht ohnehin schon mehr gelitten als die meisten von denen, die hier stehen? Warum kann Gott nicht jemand anders für seinen Anschauungsunterricht benutzen?"

Ich wußte, daß diese Gedanken nicht recht waren. Aber es ist schwer, Gott und seine Mitmenschen über das eigene Ich zu stellen, besonders dann, wenn man Schmerzen hat.

„Was geht es mich an, wie die anderen mein Verhalten in dieser Lage beurteilen? Mein Gesicht ist schließlich verletzt. Und warum muß ich gerade an meinem Kopf verletzt sein – dem einzigen Teil meines ganzen Körpers, an dem ich überhaupt noch Gefühl habe?"

Doch nun ermahnte mich der Heilige Geist. Ich wurde an das Wort Gottes erinnert: „Wisset ihr nicht, daß euer Leib ein Tempel des in euch wohnenden heiligen Geistes ist, welchen ihr von Gott empfangen habt, und daß ihr nicht euch selbst angehöret? Denn ihr seid teuer erkauft; darum verherrlichet Gott mit eurem Leibe!" (1. Korinther 6,19-20). Wer kümmerte sich darum, wie ich reagierte? *Gott* kümmerte sich darum. Hatte ich wirklich das Recht, mich über mein verletztes Gesicht zu beklagen? Nein. Mein Körper gehört mir ja gar nicht; Gott kann damit machen, was ihm gefällt. Er hat ihn mit dem Blut seines eigenen Sohnes erkauft.

Zunächst war es meine Pflicht, Gott die Ehre zu geben, indem ich diesen Freunden hier in der Praxis zeigte, was ich ihnen theoretisch erklärt hatte: Im Leben eines Christen gibt es keine Zufälle.

Wenn Gott uns etwas schickt, muß es sich letztlich zu unserem Guten auswirken.

„Oder zum Guten unserer Mitmenschen", überlegte ich. Tatsächlich! Manchmal haben wir als Christen überhaupt keine Wahl. Wenn wir uns richtig verhalten wollen, müssen wir so reagieren, wie Gott es haben will.

Als ich so auf dem kalten Asphalt lag, wußte ich auf einmal, was ich zu tun hatte. Es kam mir vor, als ob ich das schon zehntausendmal in meinem Leben getan hätte: Ich riß mich zusammen und dankte Gott im stillen für diesen „Unfall". „Lieber Gott, ich danke dir für das, was jetzt geschehen ist. Laß mich nicht zornig werden. Diese Jungen und Mädchen schauen doch zu ... Laß sie lernen, wie sie mit ihren Schwierigkeiten fertig werden können, indem sie sehen, wie ich mit diesem Schlag fertig werde. Dir soll alle Ehre gehören!"

Schließlich bekam ich die Gewißheit, daß Gott sich durch dieses Ereignis in irgendeiner Weise verherrlichen würde. Aber es war mir nicht bewußt, daß dies schon so bald geschehen sollte. Gott wirkte durch die selbstlose Liebe und Fürsorge, die mir alle erwiesen. Sie legten ihre Mäntel auf mich, um mich vor der Kälte zu schützen. Ein Mann merkte, daß ich mich noch nicht wohl fühlte, er kniete nieder, drückte mich fest an sich, um mich zu wärmen, und flüsterte: „Es wird alles gut werden." Andere stiegen ins Auto und beteten. Jemand bestellte einen Krankenwagen, und ein anderer benachrichtigte den Pastor der Gemeinde, in der wir zu Besuch waren.

Im Krankenhaus wurde ich geröntgt, und meine

Stirn wurde genäht. Langsam ging diese bewegte Nacht vorüber. Die Schmerzen, die mir meine Gehirnerschütterung und mein Nasenbeinbruch verursachten, ließen mich nicht schlafen. So hatte ich viel Zeit zum Nachdenken. *„Ich danke dir, Gott, daß du mich in deiner Hand gehalten und vor Schlimmerem bewahrt hast,"* betete ich.

Schließlich wurde ich entlassen, und man brachte mich in mein Hotelzimmer zurück. Erst in den frühen Morgenstunden nickte ich ein. Ich schlief unruhig und mußte alle zwei Stunden geweckt werden, damit mein Bewußtseinszustand überprüft werden konnte.

Am nächsten Tag erwachte ich kurz vor elf Uhr durch das Geräusch eines Haarföns im Badezimmer. Sherry schaute herein und fragte mit einem schwachen Lächeln: „Nun, wie geht's?"

„Gut, ich . . . oh . . . " sagte ich, aber der Schmerz erinnerte mich sogleich an den Sturz in der vergangenen Nacht. Körperlich ging es gar nicht so gut. Die Nähte taten weh, hämmernde Kopfschmerzen quälten mich, ich hatte zu wenig geschlafen, und mein Gesicht war geschwollen und blutunterlaufen. Doch ich befand mich in einem guten Gemütszustand. „Ich denke, es geht mir nicht schlecht. Was gibt's?"

„Wir dachten, wir wecken dich rechtzeitig auf, damit du ein wenig fernsehen kannst", flötete Julie und stellte die Antenne ein. „Der Pastor sagte uns, wir könnten den Gottesdienst im Fernsehen anschauen, da er jede Woche übertragen wird."

So stützten sie mir den Rücken mit Kissen ab, und wir schauten gespannt zu. Nach dem Chorlied gab der Pastor bekannt: „Leider müssen wir Ihnen mitteilen, daß sich Fräulein Joni Eareckson gestern abend bei einem Sturz die Nase gebrochen hat und genäht werden mußte. Als ich nach dem Unfall im Ambulanzwagen mit ihr sprach, schlug ich vor, ihr Zeugnis heute abend ausfallen zu lassen, aber sie meinte, sie wäre doch dazu in der Lage. Wir bitten Sie alle, mit uns für sie zu beten."

Ich freute mich, daß für mich gebetet wurde. Doch als ich mich in die Kissen zurücklehnte, mußte ich lächeln. Die eigentliche Krise – die innere – war ja vorüber.

Als ich an diesem Abend in den überfüllten Versammlungsraum gefahren wurde, blieb mir einen Augenblick fast die Luft weg. Die Gänge waren voller Stühle, hinten standen Leute, und die Empore war überfüllt. Ich beschloß, nicht die sorgfältig vorbereiteten Notizen und Beispiele zu benutzen, die ich vor Wochen zusammengestellt hatte. Statt dessen las ich einige Schriftstellen vor, die mit dem Geschehen der vergangenen Nacht im Zusammenhang standen. „Ein wichtiger Dienst, den wir als Kinder Gottes einander erweisen können, ist, in unseren eigenen Prüfungen Sieg zu haben." Das kleine Mikrofon an meiner Bluse übertrug meine Worte in den Saal.

„Der Epheserbrief macht deutlich, daß wir uns um andere Christen kümmern sollen, weil wir eins mit ihnen sind. Den Gläubigen wird nie gesagt, eins zu *werden* : wir *sind schon* eins, und es wird von uns erwartet, daß wir dementsprechend handeln. Im 1. Korintherbrief, Kapitel 12, lesen wir, daß wir Christen in unserer Gesamtheit einem menschlichen

Leib ähneln, dessen Haupt Jesus Christus ist. Der Körper des Menschen ist das beste Beispiel für Zusammenarbeit. Jedes Glied braucht das andere. Wenn der Magen hungrig ist, entdecken die Augen Brot mit Würstchen, die Füße laufen zur Imbißstube, und die Hände nehmen ein Würstchen, tauchen es in Senf und stecken es in den Mund, von wo aus es in den Magen wandert. Das nenne ich Zusammenarbeit!"

Gekicher unter den Zuhörern.

"So können wir solche Stellen wie Epheser 4,16 verstehen. Wir Christen beeinflussen uns gegenseitig in geistlicher Hinsicht durch das, was wir persönlich sind oder tun. Kein Organ unseres Körpers kann bei Behinderung funktionieren, ohne daß auch die übrigen Organe beeinträchtigt sind. Ein verstauchter Fuß schränkt die Bewegung des ganzen Körpers ein, und der Kopf, der beim Fußballspiel einen Schuß auffängt und so vielleicht ein entscheidendes Tor verhindert, verschafft dem ganzen Körper Ehre. Die enge Beziehung zwischen uns Gläubigen hat etwas Geheimnisvolles an sich. Ihre Niederlagen sind meine Niederlagen, und Ihre Siege sind meine Siege."

Es war mucksmäuschenstill im Saal. Alle lauschten gespannt. Die Leute verstanden offensichtlich, was ich sagen wollte.

Ich fuhr fort: „Wenn wir also Jesus Christus – dem Haupt des Leibes, Ehre machen und unseren Glaubensgeschwistern – dem übrigen Leib – eine Hilfe sein wollen, müssen wir unsere Probleme so meistern, daß unsere Geschwister Nutzen davon haben. Gott hat Julie und mir gestern abend die

Kraft dazu geschenkt. Sie war mir ein Vorbild. Ich war anderen ein Vorbild. Gott will dasselbe auch durch Sie tun."

Und so benützte der Herr meinen Unfall in der vergangenen Nacht, um uns etwas von seinem weisen Plan deutlich zu machen, den er damit verfolgt, daß er seine Kinder leiden läßt. Er hat immer ihr Bestes, aber auch seine Ehre im Auge.

Etwa ein Jahr danach erhielt ich einen Brief von Steve. Ich war damals viel unterwegs und hatte ein wenig Heimweh. Seine aufmunternden Worte waren eine treffende Zusammenfassung dieser Lektion, die ich damals bei meinem nächtlichen Unfall auf dem Parkplatz gelernt hatte. Ich wurde wieder daran erinnert, daß uns unsere Nöte und Schmerzen keinesfalls zur Selbstbemitleidung berechtigten, sondern uns eine ausgezeichnete Gelegenheit bieten, anderen in Wort und Tat ein Vorbild zu sein. Hier ist ein Auszug aus diesem Brief:

„Also, Joni, wenn Du zehnmal in der Woche sprechen mußt, wenn Dein Kiefer ein bißchen lahm wird, weil Du Deinen Zuhörern soviel zulächelst, wenn Dein Rücken weh tut, wenn Du die große Sehnsucht verspürst, einmal wieder gehen zu können, und Du merkst, Du kannst es nicht sagen, weil die Leute es falsch auffassen würden, wenn Du Deine Freunde und Freundinnen vermißt, wenn Dein Interesse für die Bibel nachläßt, wenn Du Dich unsicher fühlst, wenn sich sündige Gedanken und Vorstellungen bei Dir einschleichen wollen, wenn Du versucht bist, Dich in Deinem Erfolg und Ruhm zu sonnen – kurz, wenn Du gern ein leichteres Kreuz tragen und nur ein bißchen vom Weg abweichen möchtest – gib nicht nach! Laß Dich nicht entmutigen und zur Sünde verleiten. Meine nur nicht, der Kampf sei umsonst; denn Du bist mir wirklich eine wichtige Stütze und ein Vorbild, wenn ich versucht bin, aufzugeben."

Wir stehen immer im Rampenlicht und werden beobachtet. Entweder wir spielen unsere Rolle gut und erbauen unsere Zuschauer, oder wir lassen uns von unseren eigenen bitteren Gefühlen leiten und machen damit dem „Bühnendichter" Schande. Wir haben die Wahl.

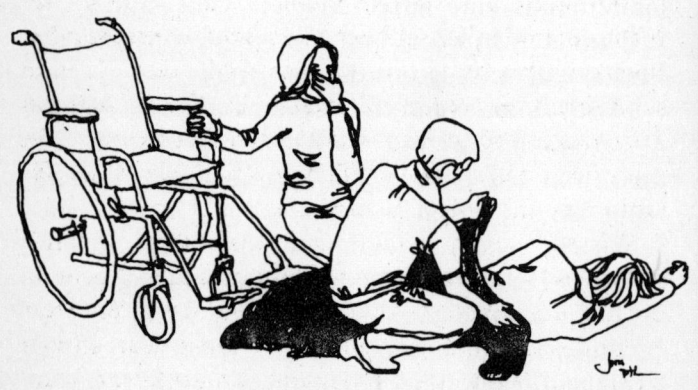

3

WIR LEIDEN NICHT UMSONST!

Wir prahlen gern damit, was für großartige Christen wir sind; aber wenn wir plötzlich in eine Lage kommen, in der es gilt, unseren Glauben zu beweisen, versagen wir oft. Neulich fand ich das in einer Witzzeichnung treffend dargestellt. Bei einem Fußballspiel rief ein Fan mittleren Alters, der auf der vordersten Bank saß, dem Trainer und den Spielern der verlierenden Mannschaft ständig gemeine Bemerkungen zu. Offensichtlich wollte er die in der Nähe sitzenden Zuschauer mit seinen überragenden Fachkenntnissen beeindrucken. Als der Trainer schließlich die Nase voll hatte, wandte er sich zur Zuschauertribüne und brüllte den Mann an: „Sie mit Ihren tollen Ratschlägen, gehen Sie doch für Oblonsky ins Spiel!" Peng! Das saß!

Wir Menschen weichen gern aus, wenn wir aufgefordert werden, unsere prahlerischen Worte in die Tat umzusetzen. Aber im Gegensatz zu unserem Freund auf der Zuschauerbühne steht *Gott* immer zu seinem Wort. Weil er tatsächlich groß und wunderbar *ist,* sucht er immer nach einer Gelegenheit, den Menschen diese Größe zu zeigen. Und die beste Gelegenheit dazu bietet sich ihm da, wo Menschen leiden. Am meisten verherrlicht er sich natürlich durch Wunder. Jesus ging umher und machte Blinde sehend, heilte Aussätzige, weckte Tote auf und tat unzählige Wunder, um die Not der Menschen zu lindern.

Die zwangsläufige Folge: „Als aber die Volksmenge das sah, verwunderte sie sich und pries Gott . . . " (Matthäus 9,8).

Doch wie steht es heute? Jesus ist nicht mehr körperlich unter uns. Die Zeit, in der er durch das Hügelland von Judäa zog und Wunder tat, ist endgültig vorbei. Zwar kann Gott auch heute noch in übernatürlicher Weise eingreifen (und manches Mal tut er es auch), doch ist das nicht die Regel. Heute benützt Gott das Leiden in einer anderen, weniger offensichtlichen, aber nicht weniger wirkungsvollen Weise, um sich zu verherrlichen.

So merkwürdig es auch klingen mag: Es scheint, daß Gott im Leben seiner Kinder längere dunkle Wegstrecken nicht nur zuläßt, sondern absichtlich verordnet. Dadurch entsteht der Eindruck, als schade er seiner eigenen Sache, denn das geschieht vor den Augen der Ungläubigen, die über das Christentum spotten: „Seht nur, wie dieser Gott, angeblich ein Gott der Liebe, seine Nachfolger behandelt!"

Aber wenn diese Leute dann weiter zusehen und die Christen beobachten, entdecken sie etwas Ungewöhnliches. Denn diese Nachfolger Jesu, denen Gott eine Prüfung nach der anderen schickt, beklagen sich nicht. Anstatt voller Empörung die Fäuste zu ballen und den zu verfluchen, der ein solches Elend zuläßt, preisen sie ihren Schöpfer.

Zuerst spottet die Welt: „Das wird bald anders werden!" Aber wenn die Prüfungen nicht aufhören und der Christ sich dennoch weigert, „Gott abzusagen und zu sterben", kann die Welt nur staunend zusehen. Das ist eine der wirksamsten Methoden, um Gott durch Leiden zu verherrlichen, denn er hat dann ja bewiesen, daß er sein Volk auch in schweren Prüfungen treu erhalten kann. Wenn uns der Glaube an Jesus nur ein schönes, behagliches Leben einbrächte, hätte die Welt keine Gelegenheit, eine eindrucksvolle Lektion über Gott zu lernen.

„Na, und? Was ist das schon?" würden die Menschen sagen. „Jeder kann sich schließlich eine Gefolgschaft beschaffen, wenn er alles für sie tut." Aber wenn ein Christ in Liebe und Treue an seinem Glauben festhält, obwohl Gott ihn scheinbar vergessen hat, wird das auf die Ungläubigen Eindruck machen. Dann müssen die Spötter erkennen, daß unser Gott eine Realität und auch in schweren Zeiten unseres Dienstes würdig ist.

In diesem Zusammenhang fällt mir ein Mädchen ein, dessen Leben ein gutes Beispiel dafür ist, was ich meine. Ich traf sie in Kalifornien in einer Buchhandlung, die in einer vornehmen Wohngegend lag. Viele Frauen und nett gekleidete Kinder mit blanken Gesichtern hatten sich eingefunden. Sie hatten sich der Reihe nach aufgestellt, um mich zu begrüßen und ein Autogramm für ihre Bücher zu erbitten.

Als ich den Füller in den Mund nahm, um meinen Namen in ein Buch zu schreiben, hörte ich ein Geräusch, das gar nicht zu dem allgemeinen Plaudern und geschäftigen Treiben in diesem Raum zu passen schien. Mit einem kurzen Blick über den Rand des Buches, das man mir hinhielt, entdeckte ich, woher dieses Geräusch kam.

Dort, am Ende der Schlange, saß eine stark entstellte junge Frau in einem Rollstuhl. Sie konnte keine Worte bilden und brachte deshalb nur ein mühsames Lallen hervor. In den verschiedenen Krankenhäusern, in denen ich gelegen hatte, war ich vielen Menschen begegnet, die durch irgendeine Krankheit nicht deutlich sprechen konnten. Meine Vermutung, eine Gehirnlähmung – eine schreckliche Krankheit – könnte die Ursache sein, wurde mir später bestätigt. Als die Kranke näher kam, sah ich ihre zitternden Hände und die verdrehten, knorrigen Füße. Der Speichel lief ihr aus dem Mund, weil sie keine Gewalt darüber hatte. Ihr Haar war verfilzt, und an der ungleichmäßig zugeknöpften Bluse konnte man sehen, wie schwer sie anzuziehen war. Ihre Behinderung hatte sie unansehnlich gemacht, um es mild auszudrücken.

Früher hatte ich mich in Gegenwart solcher Menschen gar nicht wohl gefühlt. Ihre Behinderungen erinnerten mich zu sehr an meinen eigenen Zustand. Aber mit Gottes Hilfe hatte ich solche Gefühle längst überwunden; ich freute mich nun darauf, dieser jungen Frau zu begegnen.

„Joni, ich möchte dir Nadine vorstellen", sagte die Schwester, die sie begleitete, als sie den Rollstuhl neben den meinen schob. In der nun folgenden Unterhaltung, bei der die Krankenschwester, so gut sie konnte, übersetzte, erfuhr ich, daß Nadine so alt war wie ich und auch an den Herrn Jesus Christus glaubte. Zwar hätte man wegen ihres entstellten Körpers meinen können, Nadine sei zurückgeblieben, doch sie war in Wirklichkeit eine intelligente, sehr belesene Frau, die gerne Gedichte schrieb.

An diesem Nachmittag gab mir Nadine einen Brief, in dem sie sich für einige Gedanken aus meinem Buch bedankte. Doch dann überreichte sie mir eine wahre Kostbarkeit – eine kleine Karte mit einem Gedicht und Engeln, die sie aus Weihnachtskarten ausgeschnitten hatte. Dabei hatte Nadine die Schere mit den Zehen ihres „guten" Fußes gehalten. Die Begegnung liegt nun einige Jahre zurück; doch die Karte hängt noch immer in meiner Wohnung.

Während Nadine sprach, eilten meine Gedanken zurück zu der Zeit, als ich verzweifelt im Krankenhaus gelegen und in zahllosen philosophischen Werken Antwort auf meine Fragen gesucht hatte. „Entweder ist Gott Liebe und möchte deshalb das menschliche Elend aus der Welt schaffen, es fehlt ihm aber die Macht dazu", argumentierten sie, „oder er hat die Macht, aber nicht die nötige Liebe. Vielleicht aber hat er weder das eine noch das andere. Auf jeden Fall nicht beides zusammen."

Man sollte meinen, ein solches Argument müßte das Herz eines denkenden Menschen wie Nadine treffen. Sie lebt in einer Klinik. Das Glück, von guten Freundinnen oder fürsorgenden Angehörigen umgeben zu sein, wird ihr wohl immer versagt bleiben. Die Ehe und all die Dinge, die der Mensch zu seinem Glück braucht, werden ihr wahrscheinlich nie vergönnt sein. Warum sagt jemand in Nadines Situation sich nicht von dem allmächtigen Gott der Liebe los, wenn er sie so behandelt? Sie müßte eigentlich völlig verzweifelt sein, und jedermann hätte Verständnis dafür, wenn sie in ihrem Leben keinen Sinn mehr sähe. Allenfalls könnte man erwarten, daß sie sich tapfer in ihr Schicksal fügt und alle ihre Gefühle unterdrückt.

Aber als ich mich eine Stunde lang mit Nadine unterhalten hatte, war ich davon überzeugt, daß sie solchen Gedanken keinen Raum gegeben hatte! Aus eigener Erfahrung kennt Nadine die Freude am Herrn und den „Frieden Gottes, der allen Verstand übersteigt." Sie kann mit Paulus sagen: „ . . . wenn auch unser äußerer Mensch zugrunde geht, so wird doch der innere Tag für Tag erneuert" (2. Korinther 4,16).

Was mich besonders beeindruckte, war, daß sie nicht nur an Gott glaubt, sondern ihn liebt. Der Gott, den sie kennengelernt hat, ist ihrer Liebe wert. Er bedeutet ihr eine solche Realität, daß sie froh und gern ihren Zustand erträgt, wenn das sein Wille ist.

Wird Gott durch Nadines Leiden verherrlicht? Ganz gewiß. Auf welche Weise? Durch eine Wunderheilung? Nein, ihr Leiden verherrlicht Gott, weil die Menschen, die sie näher kennen, zumindest eines anerkennen müssen: Nadines Herr muß ein ganz besonderer Herr sein, wenn sie ihm mit einer solchen Treue anhängt. Ich dachte bei mir selbst: „Wenn jemand einen Beweis dafür sucht, was Gottes Gnade und Macht in einem Leben bewirken können, sollte er diese Frau kennenlernen."

Skeptiker streiten manchmal ab, daß Gott die wahre Quelle des inneren Friedens solcher Christen wie Nadine ist. Sie halten alles, was sie von Gott, dem Himmel und der Freude am Herrn hören, für bloße Flucht vor der Wirklichkeit. Auch mir wurde hin und wieder vorgeworfen, der Glaube an Gott sei für mich so etwas wie eine seelische Krücke.

In solchen Fällen verweise ich einfach auf die Tatsachen: Schon für einen Stubenhocker und Bücherwurm ist es schwer genug, sich an ein Leben im Rollstuhl zu gewöhnen. Für einen tatkräftigen, jungen Menschen wie mich ist es noch viel schwerer. Als Gymnasiastin war ich ständig auf Achse – ich bin geritten, in meinem Sportwagen durch die Gegend gefahren, habe Hockey gespielt und manchen Unsinn gemacht. „Vor meinen Unfall konnte ich keine Minute stillsitzen", erzähle ich oft den Leuten. „Jetzt bin ich gezwungen, für den Rest meines Lebens stillzusitzen.

Keine Liste von Geboten und Verboten, keine von mir zurechtgezimmerte Religionsphilosophie, kein Glaube an irgendein „höheres Wesen" und kein theoretisches Glaubensbekenntnis konnte mir für mein Leben im Rollstuhl Hilfe und Frieden geben oder gar bewirken, daß ich für meinen Zustand dankbar bin. Entweder bin ich also verrückt, oder hinter all dem steht ein lebendiger Gott, der mehr ist als lediglich ein allgemein anerkannter theologischer Grundsatz. Er erweist sich in meinem Leben als ein persönlicher Gott. Das hat viele Menschen zum Nachdenken gebracht.

Manche Christen unter meinen Lesern werden sich jetzt vielleicht fragen: „Ach, es ist ja schön, wie Gott solche Menschen wie Joni und Nadine gebraucht, um sich zu verherrlichen. Aber ich habe keine ernsthaften Behinderungen. Mein Leben ist ziemlich normal. Was ist mit mir?" Glauben Sie doch ja nicht, daß Gott Ihren Prüfungen weniger

Bedeutung beimesse, weil sie nicht so schrecklich sind wie Nadines oder meine. Wenn Sie die Anfechtungen des täglichen Lebens mit freudigem Herzen bestehen, kann Ihre Haltung in Ihrer Umgebung dieselbe Wirkung haben.

Ich denke an meine Schwester Jay und meine Freundinnen Betsy und Sheryl, die mich oft auf meinen Reisen begleiten. Glauben Sie mir, diese Frauen wissen etwas von den Belastungen des Alltags! Zunächst müssen sie sich um alle meine körperlichen Bedürfnisse kümmern. Nur wer selbst einmal einen Gelähmten auf der Reise betreut hat, kann sich vorstellen, wieviel Arbeit da anfällt. Ihr Tag beginnt oft um fünf Uhr morgens; dann heißt es: raus aus den Hotelbetten, um rechtzeitig zur Vormittagsversammlung fertig zu sein. Erst kommen sie selbst an die Reihe, und dann müssen sie sich anderthalb Stunden lang mit mir abmühen. Sie helfen mir aus dem Bett, machen Gymnastikübungen mit mir, baden mich und ziehen mich an, putzen mir die Zähne, waschen mir die Haare und so weiter.

Doch damit nicht genug. Für die Fahrt muß ich vom Stuhl ins Auto gehoben werden. Dazu umfaßt eine meiner beiden Helferinnen meinen Oberkörper, während die andere meine Beine hochhebt. Mühsam heben sie mich auf den Sitz, rücken mich zurecht und schnallen mich fest. Inzwischen hat jemand anders meinen Rollstuhl zusammengeklappt und im Kofferraum des Wagens verstaut. Ich brauche Ihnen mein genaues Gewicht ja nicht zu verraten; doch Sie können sich vorstellen, daß ein Mensch, der sich nicht bewegen kann, eine schwere

Last ist. Wenn wir ankommen, geht es anders herum: Ich werde aus dem Auto in meinen Stuhl gehoben. Neulich mußten mich Betsy, Sheryl und Jay auf einer Reise nach Minneapolis an einem Tag fünfzehnmal rein und raus heben!

Hinzu kommt die seelische Belastung, die sie auf unseren gemeinsamen Reisen tragen müssen. Manche Leute sind so taktlos, daß sie *mich* wie eine Königin behandeln und fast so tun, als ob meine Schwester und meine Freundinnen Luft wären.

Früh aufstehen, um mich fertig zu machen, mich ins Auto zu heben und wieder heraus, und dabei von den anderen übersehen zu werden – vielleicht sind das in Ihren Augen keine richtigen„ Prüfungen", wie sie Nadine und mir auferlegt wurden.

Wenn jedoch die Leute merken, wie diese Frauen ihre kleine, aber doch drückende Last ohne Murren und mit einem Herzen voller Liebe tragen, wird ihr Blick auf Gott gelenkt, und er bekommt die Ehre.

In gewisser Hinsicht sind Menschen wie Nadine, meine Schwester und Freundinnen die Hiobs unserer Zeit. Sie wissen ja, daß Hiob ein gerechter Mann war, den Gott mit allerlei Gütern gesegnet hatte. Er dankte Gott dafür, und das ärgerte Satan. Empört warf er Gott vor, Hiob diene ihm ja nur deshalb, weil er – Gott – ihm so viel geschenkt hätte. Sobald ihm jedoch Familie und Besitz genommen würden, werde er Gott ins Angesicht absagen. Mit anderen Worten: Satan behauptete, Hiob liege nichts an Gott, sondern nur an seinem Segen. Gottes Macht reiche nicht aus, jemanden um seiner selbst willen an sich zu binden.

So erlaubte Gott Satan, Hiob zu prüfen. Dieser

Mann verlor seinen Besitz, seine Gesundheit und seine Kinder. „Sage dich los von Gott und stirb!" drängte ihn seine Frau. Aber er weigerte sich. Mit unglaublicher Treue rief er aus: „Siehe, tötet er mich, ich werde auf ihn warten . . ." (Hiob 13,15).

Welch ein Zeugnis! Es läßt die Größe Hiobs erkennen, aber noch mehr die Größe des Gottes, dem seine Knechte auch in den härtesten Prüfungen die Treue halten. Diesem Wort aus dem Alten Testament entspricht das Wort von Paulus im Philipperbrief: „Ja, ich achte nun auch alles für Schaden gegenüber der alles übertreffenden Erkenntnis Christi Jesu, meines Herrn, um dessentwillen ich alles eingebüßt habe, und ich achte es für Unrat, damit ich Christus gewinne . . .!" (Philipper 3,8).

Die Schwierigkeiten, mit denen ich als lahmer Mensch zu kämpfen habe, nehme ich gern auf mich, wenn Gott durch meine Treue geehrt wird. Haben Sie einmal überlegt, daß auch Ihr Leben Gott ehren kann, wenn Sie in *Ihrem* „Rollstuhl" treu sind?

4

UNMÖGLICHE HEILIGE!

Eine beklemmende Stille erfüllte die große Festhalle des berühmten Fairbairnschlosses. Nicht der geringste Windstoß brachte die farbenprächtigen Banner an den massiven grauen Steinwänden zum Flattern. Über dem hohen mittelalterlichen Kamin hing das Wappenschild der königlichen Familie, und an der gegenüberliegenden Wand war – wie zur Herausforderung – die Standarte des benachbarten Herzogs Einar aufgepflanzt worden. Seit Monaten herrschte zwischen diesen beiden Mächten eine Spannung, die immer unerträglicher wurde. Auf diesem alljährlich stattfindenden Fest, an dem die Edelleute des ganzen Königreiches teilnahmen, hatte der Herzog seinen üblen Umsturzplan zu erkennen gegeben.

Sprungbereit stand der starke Prinz Eric an der Festtafel. Den mit Perlen besetzten Griff seines Schwertes hielt er fest umklammert. Diese Waffe hatte ihm sein Vater, der König, in den letzten Tagen seines Lebens vermacht. Auf der glänzenden Klinge spiegelte sich ein Sonnenstrahl, der durch das Fenster in der dicken Burgmauer drang. Es war das schönste Schwert im Land.

Drei Gefolgsleute des Herzogs umzingelten den Prinzen mit gezückten Schwertern wie Haie ihre

Beute. Sie lauerten darauf, Eric in einem unbedachten Augenblick zu überrumpeln. Der Prinz schaute mit lauerndem Blick von einem zum anderen, um zu sehen, wer als erster zuschlagen würde.

Da, der Klang von klirrendem Stahl! Zwei Soldaten stürmten auf den Prinzen los, doch er wehrte ihre Stöße mit seinem Schwert ab, wich jedem Stich geschickt aus und griff selbst mutig an.

Ein Stich . . . eine Wunde . . . Blut. Einer der Soldaten des Herzogs fiel zu Boden und ließ sein Schwert aus der Hand gleiten. Aber der Prinz konnte sich keine Sekunde lang dieses Teilsieges rühmen; er wandte sich zur Seite, um gegen die beiden anderen weiterzukämpfen.

Nun stand ein Mann auf jeder Seite von ihm. Während er die Hiebe des Feindes zur Rechten abwehrte, wagte er einen Blick über seine linke Schulter, um seine Lage zu überprüfen. Doch dabei hielt er sein Schwert nicht fest genug, und die großartige Waffe wurde ihm aus der Hand geschlagen.

Die Menge stieß einen Schrei des Entsetzens aus. Die Damen, die am Rand der Szene standen, hielten ihre Taschentücher vor den geöffneten Mund, und den Zuschauern blieb vor Schreck die Luft weg.

Doch halt! Wie ein Hirsch sprang der Prinz aus der Reichweite ihrer Klingen, zog den Dolch aus seinem Gürtel und ergriff den Leuchter aus Messing, der den Tisch zierte.

Zwar waren ihm die anderen zahlenmäßig überlegen, und er hatte viel schlechtere Waffen, doch sprang er wieder in den Kampf, verteilte Schläge mit der Lampe und griff seine Gegner mit seinem Dolch an. Er duckte sich, als ein Seitenhieb knapp

48

seinen Kopf verfehlte, richtete sich wieder auf, wich dem Hieb seines Gegners aus und versetzte dem zweiten Soldaten einen tödlichen Schlag.

Jetzt packte den letzten Soldaten des Herzogs die Furcht. Er und Eric umkreisten sich schweigend. Als die Spannung ihren Höhepunkt erreicht hatte, stieß der Soldat zu.

Ein fadendünner Streifen zog sich über Erics Ärmel und wurde dunkelrot, als das Blut von der Wunde durchsickerte. Der Prinz wich Schritt für Schritt zurück, bis er schließlich an die Wand gedrängt wurde. Seine armseligen Geräte waren dem gewaltigen Schwert seines Gegners nicht gewachsen. Die Schläge fielen in immer schnellerer Folge. Bald würde er fallen.

Plötzlich schlug sein Gegner zu. Eric sprang nach links. Der Stoß, der sein Herz treffen sollte, streifte nur seine Seite. Das Schwert fuhr in die Wand. Doch bevor es der Soldat des Herzogs herausziehen und das Gleichgewicht wiedererlangen konnte, schlug Eric die Klinge mit seiner Lampe nach unten und warf seinen Dolch auf den Soldaten. Der packte das Messer, das sich in das Fleisch seiner Schulter gebohrt hatte und hob die andere Hand hoch, als ob er sagen wollte: „Nicht weiter!" Er gestand Eric den Sieg zu. Die Zuschauer umschwärmten den Prinzen und gratulierten ihm laut und herzlich. Sie stimmten ein Lied an, das noch viele Generationen nach ihnen singen sollten:

„Mit dem Schwert des Königs ist Prinz Eric stark, doch mit dem Messer und der Lampe ist er noch stärker!"

Solche Abenteuergeschichten wie diese von Prinz

Eric lese ich gern. Sind Sie sich dessen bewußt, daß die Bibel eine Art Abenteuergeschichte ist? Sie berichtet in ergreifender Weise, wie der Böse – Satan – die Bürger des Königreichs Erde durch Verrat und Betrug unterjocht hat – wie er die Macht des rechtmäßigen Herrschers, der gut und gerecht ist, an sich gerissen und eine Gegenregierung aufgerichtet hat. Weiter lesen wir, wie der gute Herrscher seinen einzigen Sohn sandte, um in Satans Gebiet einzudringen, die gefangenen Untertanen zu befreien und das Reich wieder unter das Familienbanner zu bringen. Wie wäre ich vorgegangen, wenn ich an Gottes Stelle wäre? Nun, zunächst würde ich mir für meine Kampftruppe wahrscheinlich die gescheitesten Männer und Frauen heraussuchen – die Doktoren der Philosophie und die Universitätsprofessoren. Zur Finanzierung des Unternehmens könnte ich nur die pfiffigsten Geschäftsleute und Millionäre der Welt gebrauchen. Meine Werbefachleute wären die besten, die man sich denken kann – absolute Spitzenkräfte auf ihrem Gebiet. Wer auch nur ein einfaches Mitglied meiner Truppe sein wollte, müßte jung, athletisch und attraktiv sein.

Schwächlinge brauchten sich erst gar nicht zu bewerben. Menschen mit körperlichen Mängeln? Ausgeschlossen! Leute, die mein Unternehmen aufhalten könnten? Nie! Menschen ohne Anziehungskraft? Oder solche, die meinen Ruf aufs Spiel setzen könnten? Unmöglich! Männer oder Frauen, deren Leben voller Probleme ist? Niemals! Ich würde nur das Beste vom Besten nehmen.

Aber Gott sei Dank, daß nicht ich die Welt regiere, sondern er! Und er nimmt die Armen, die Kranken, die Häßlichen, die Einsamen, die Schwachen, die, an denen nichts Liebenswertes ist, die Unbegabten und die Unmöglichen mit offenen Armen auf. Daran wird seine Liebe deutlich. Außerdem ist ihm das, was im Herzen eines Menschen ist, wichtiger als sein Äußeres.

Aber es gibt noch einen ganz besonderen Grund, warum Gott schwache Menschen annimmt und gebraucht. Und dazu ist die Geschichte von Prinz Eric eine gute Illustration. Erinnern Sie sich an das Lied, das die Leute von ihm sangen? „Mit dem Schwert des Königs ist Prinz Eric stark, aber mit dem Messer und der Lampe ist er noch stärker!"

Jeder Kampf zwischen einem Helden und irgendwelchen Übeltätern ist an und für sich schon interessant. Doch wenn der Held plötzlich im Nachteil ist, wie es der Fall war, als Eric sein Schwert verlor, kommt ein neues Element hinzu. Die Lage scheint aussichtslos. Gewinnt er aber dann trotzdem, und zwar ausschließlich durch seine Geschicklichkeit, wird sein Ruhm um so größer, weil er den Sieg mit minderwertigen Waffen erfochten hat.

An vielen Stellen der Bibel zeigt uns Gott, daß er genau nach dieser Methode handelt, damit ihm ein Höchstmaß an Ehre zuteil wird. Der Apostel Paulus forderte die Christen in Korinth auf, sich doch einmal selbst anzuschauen und zu erkennen, daß Gott im großen und ganzen solche Leute in seine Nachfolge gerufen hat, die nach menschlichen Maßstäben weder klug noch einflußreich noch von vornehmer Herkunft sind. Das heißt, daß Gott absichtlich schwache, leidende und unfähige Menschen für sein Werk auswählt, damit nach getaner Arbeit die

Ehre nicht uns, sondern ihm gegeben wird. Vergessen Sie das nicht! Gerade die Schwachheit und die Probleme, die wir als eine so schwere Last empfinden, benutzt er, um seinem Namen die Ehre zu geben. Wir sind kein Perlenschwert in seiner Hand, eher ein Dolch und ein Leuchter, die die Arbeit eines Schwertes verrichten!

Als ich 1969, zwei Jahre nach meinem Unfall, zum ersten Mal das Krankenhaus verließ, war ich sehr niedergeschlagen. Da lag ich nun auf dem Sofa, erst neunzehn Jahre alt, und welche Zukunftsaussichten hatte ich? Ein Leben im Rollstuhl stand mir bevor. Ich ahnte, daß ich irgendwo in der Bibel Antwort auf meine Fragen finden würde, doch ich brauchte unbedingt jemanden, der mir diese Antworten zeigte.

Selbst in dieser Lage hätte ich mir nicht von jedem Hergelaufenen fromme Ratschläge erteilen lassen. Ich hätte mich gar nicht dafür interessiert. Sie müssen verstehen, ich war auf dem Gymnasium gewesen und hatte in einer berühmten Hockeymannschaft gespielt, ich war Mitglied der National Honor Society und mit dem Kapitän der Fußballmannschaft eines benachbarten Gymnasiums befreundet. Wenn damals jemand meine Aufmerksamkeit gewinnen wollte, mußte es schon ein besonders intellektueller, sportlicher oder berühmter junger Mann sein.

Nun denken Sie vielleicht, Gott hätte mir seine Antwort durch einen großen, braungebrannten Jugendleiter geschickt, der in Ocean City in der Strandmission arbeitet. Er hätte meine Aufmerksamkeit gefesselt. Oder vielleicht ein intelligenter

52

Theologiestudent von einer berühmten Universität. Es kann auch sein, daß ich mir von Billy Graham etwas hätte sagen lassen, wenn er in unserer Gegend einen Feldzug veranstaltet hätte.

Aber nein. Wissen Sie, wen Gott mir schickte? Einen langen, schlacksigen sechzehnjährigen Zeitungsjungen. Ziemlich aussichtslos, sollte man meinen, nicht wahr? Wie sollte ausgerechnet der mir helfen können? Es war weder ein „toller" Jugendleiter noch ein intelligenter Theologiestudent, sondern einfach ein Schüler mit einer großen schwarzen Bibel. Aber ich hörte zu! Und Gott benutzte die vielen Stunden, die ich mit diesem Jungen Steve Estes verbrachte, um mich aus meiner Niedergeschlagenheit herauszuholen und mir sein Wort aufzuschließen. Es gefiel Gott, mir seine Macht durch einen Jugendlichen zu offenbaren, anstatt mir einen Theologen mit einer Spezialausbildung in der Seelsorge an Behinderten zu schicken.

Wenn Steve und ich heute an die erste Zeit unserer Freundschaft zurückdenken, können wir uns nur darüber wundern, wie Gott so ein ungewöhnliches Verhältnis benutzt hat, um eine Wende in meinem Leben herbeizuführen. Aber eigentlich sollte uns das nicht überraschen. Die 32000 Mann starke Armee Gideons verringerte Gott auf 300 Soldaten, bevor er sie hinaussandte, um die Horden der Midianiter zu bekämpfen. Es war der Hirtenknabe David, den Gott in den Zweikampf mit Goliath, dem streitbaren Riesen der Philister, sandte. Er gab Abraham eine unfruchtbare Frau und versprach ihm eine Nachkommenschaft, die so zahlreich sein sollte wie die Sterne am Himmel. Warum handelt er so? Als dann die Midianiter geschlagen wurden, sollte die Welt erkennen, daß dieser Sieg nicht den Menschen, sondern Gott zuzuschreiben war.

Dieselbe Absicht verfolgt Gott auch mit dem Leiden. Es treibt uns in unserer Schwachheit auf die Knie. Wir sollen begreifen, daß Gott uns gerade da haben will! Denn dann wird seine Kraft am deutlichsten sichtbar.

Wenn jemand um den Wert des Schwachseins wußte, dann der Apostel Paulus. In seinem zweiten Brief an die Korinther beschreibt er ausführlich, daß Gott *schwache Menschen gebraucht*

Scheinbar liefen dort alle möglichen falschen Apostel herum, die versuchten, Paulus „abzuschießen" und die Aufmerksamkeit auf sich zu lenken. Ständig rühmten sie sich ihrer unglaublichen Leistungen, ihrer großartigen Gesichte und erfolgreichen Dienste. „Und du, Paulus?" höhnten sie. „Kannst du uns überbieten?" Paulus antwortete ihnen: „Ihr wollt, daß ich mich rühme? Gut, so werde ich mich rühmen. Ich komme mir dabei etwas töricht vor, aber hört." Wenn man den Brief des Paulus liest, kann man sich fast bildlich vorstellen, wie seine von Neid erfüllten Rivalen die Listen ihrer Großtaten hervorziehen, um zu sehen, ob er dagegen ankommen könne. Doch zu ihrer großen Überraschung verwies er nur auf sein Leiden und seine Schwachheit.

„Ihr wolltet sehen, welchen Erfolg ich zu verzeichnen habe? Dann will ich euch hier ein wenig davon berichten, welche großen Ehren man mir erwiesen hat. Also ... ich bin bespuckt worden. Man hat mich geschlagen. Vielleicht wollt ihr wissen, wie lange ich im Gefängnis gewesen bin ... Ja, ich habe auch Schiffbruch erlitten. Die Heiden hassen mich. Und die Juden – sie können mich nicht ausstehen."

Dann führt er noch weitere Auszeichnungen und Ehrenerweisungen auf: „Ihr wollt wissen, wie großartig man mich empfangen hat? Nun, eines Nachts wurde ich in einem Korb über die Stadtmauer hinuntergelassen. Ich hätte die Tür benutzt, aber dort warteten einige Wachen auf mich, um mich gefangenzunehmen."

Dann folgt die Krönung seiner „Verteidigungsrede": Paulus berichtet von seinen Gesichten.

„Nun, ich weiß, daß ihr alle paar Tage Gesichte habt. Laßt mich von einem Gesicht erzählen, das ich gehabt habe. Aber es war nicht gestern, ja, es sind wohl vierzehn Jahre her. Wunderbar war es dort im Himmel. Aber ich werde nie – wie ihr – die Leute fesseln, indem ich ihnen alles bis ins kleinste erzähle."

Er fuhr fort: „Aber *eins werde* ich euch erzählen. Ich habe auf Gott einen so guten Eindruck gemacht, daß er mir zu meinen Gesichten noch etwas dazugab: einen Pfahl ins Fleisch, damit ich nicht eingebildet werde!"

Hier hört der Spott auf. Paulus schaut seinen Gegnern gewissermaßen in die Augen und berichtet, wie er zunächst auf dieses neue, von Gott gesandte Leiden reagierte.

„Seinetwegen habe ich dreimal den Herrn gebeten, daß er von mir ablassen möchte. Und er hat zu mir gesagt: Laß dir an meiner Gnade genügen, denn meine Kraft wird in der Schwachheit vollkommen!" (2. Korinther 12,8-9).

Haben Sie das verstanden? In der „ Guten Nachricht" lautet die Antwort Gottes an Paulus: „Du brauchst nicht mehr als meine Gnade. Je schwächer du bist, desto stärker erweist sich an dir meine Macht."

Wenn sich die Macht Gottes desto stärker an uns erweist, je schwächer wir sind, warum sollten wir dann klagen, wenn wir leiden und Schmerzen haben? Sollten wir nicht lieber mit Paulus sagen: „Darum will ich mich am liebsten vielmehr meiner Schwachheiten rühmen, damit die Kraft Christi bei mir wohne. Darum habe ich Wohlgefallen an den Schwachheiten, an Mißhandlungen, an Nöten, an Verfolgungen, an Ängsten um Christi willen; denn wenn ich schwach bin, dann bin ich stark" (2. Korinther 12, 9-10).

5

GOTTES SCHAUFENSTER

Unser Gott ist ein wunderbarer Gott. Betrachten wir nur das Wunder der Geburt, die Schönheit der Natur und die Vielgestaltigkeit unseres Sonnensystems. Diese gewaltigen Wunder geben uns eine schwache Vorstellung davon, was für ein mächtiger, weiser Schöpfer er ist. Aber Gott hat auch andere Eigenschaften, die erst durch die Sünde und das Leiden der Menschen offenbar werden.

Denken wir beispielsweise an seine Freundlichkeit. Wüßten wir die von ihm geschenkte Gesundheit wirklich zu schätzen, wenn niemand von uns jemals krank wäre? Könnten wir die Vergebung Gottes begreifen, wenn wir nie über unsere Sünden bekümmert wären? Und wie erführen wir etwas von seiner erbarmenden Liebe, mit der er unsere Gebete erhört, wenn wir keine Nöte hätten, die uns ins Gebet trieben? Sie sehen also, durch unsere Probleme wird die Gnade Gottes erst recht deutlich.

Aber das ist nicht alles. Unsere Schwierigkeiten ermöglichen es auch den *Menschen* , ihre guten Eigenschaften zu betätigen. Ich möchte das an einem Beispiel erläutern.

Stellen Sie sich einen jungen Mann vor, der sich für ein bestimmtes Mädchen interessiert. Schon lange hat er nach einer Möglichkeit gesucht, ihr seine

Liebe zu zeigen, ohne jedoch aufdringlich zu erscheinen. Eines Abends fährt er vom Büro nach Hause, und wen entdeckt er da mit einer Reifenpanne am Straßenrand? Eben dieses Mädchen. Phantastisch! Er bremst scharf, parkt sein Auto hinter dem des Mädchens, schaltet die Warnblinkanlage ein und bietet seine Hilfe an.

„Das ist lieb von dir", entgegnet sie. „Aber ich möchte dich nicht belästigen. Du hast gute Sachen an. Ich werde eine Werkstatt anrufen, denke ich."

Doch er läßt sich nicht abweisen und sucht schon in ihrem Kofferraum nach dem Wagenheber. „Das werden wir im Nu haben."

Nach einigen Minuten fängt es an zu regnen. „Setz dich in mein Auto, damit du nicht naß wirst", fordert er sie auf. Nachdem er die letzte Schraube angezogen und die Radkappe angedrückt hat, steigt er zu ihr in seinen Wagen. Er ist pudelnaß, und auf seiner Hose sind Ölflecken. Sie entschuldigt sich dafür, daß sie ihm solche Mühe macht, doch er tut jedes Mitgefühl mit einer Handbewegung ab.

„So", sagt er und wirft den Motor an, „wir bringen den Reifen zu einer Tankstelle, damit er geflickt wird. Ich möchte auf keinen Fall, daß du wieder einen Platten hast und dann ohne Reserverad dastehst. Dein Auto lassen wir inzwischen hier stehen."

Nach einer kurzen Pause sagt er so beiläufig wie möglich: „Sag mal, während der Reifen geflickt wird, könnten wir doch eine Tasse Kaffee oder sonst irgendwas trinken."

Sie lächelt. „Gern."

Da sehen Sie es. War es nun nicht gut, daß alles

so falsch lief? Die Verspätung, der platte Reifen, der Radwechsel im Regen und die beschmutzten Kleider – all dies wäre bei jeder anderen Gelegenheit als äußerst unangenehm empfunden worden. Aber in diesem Fall bekam der junge Mann dadurch die Gelegenheit, diesem Mädchen Freundlichkeit und Opferbereitschaft zu erweisen – und das wollte er doch so gern. Und sie merkte dabei, daß er sich in besonderer Weise um sie kümmerte.

So können sich die Probleme in unserem Leben auswirken. Zwar sind sie an und für sich etwas Negatives, doch haben sie manchmal zur Folge, daß sich die Menschen mehr umeinander kümmern und gegenseitig helfen. Denken Sie noch an meinen Sturz auf dem vereisten Parkplatz, bei dem ich mir das Nasenbein gebrochen hatte? Als die Umstehenden mich zitternd am Boden liegen sahen, zogen sie alle ihre Mäntel aus und legten sie auf mich, um mich zu wärmen. Das nennt man Selbstlosigkeit, und wir alle bewundern es. Doch wenn ich in diesem Augenblick nicht „gelitten" hätte, hätten die Umstehenden keine Gelegenheit gehabt, ihre Selbstlosigkeit zu beweisen.

Außerdem mußte jeder, der mir hilfreich seinen Mantel anbot, eine Weile frieren. Sie mußten „leiden", um mir einen Gefallen zu tun. Wenn jeder von ihnen sechs Mäntel angehabt und mir einen davon geliehen hätte, um mich zu wärmen, wäre das nichts Besonderes gewesen. Da sie nicht hätten frieren müssen, wäre das für sie kein richtiges Opfer gewesen. Aber meine Not veranlaßte sie, mit mir zu teilen; und dadurch mußten auch sie „leiden", wenn auch nur in geringem Maße. Mein Leiden war die Voraussetzung für die mir an diesem Abend erwiesene Selbstlosigkeit.

Dasselbe gilt für alles Gute, was ein Mensch denken oder tun kann. Das Leiden ist gewissermaßen die Bühne, auf der die guten Eigenschaften auftreten können. Wenn wir niemals mit Furcht zu kämpfen hätten, wüßten wir nicht, was Mut ist. Wenn wir nie weinen müßten, wüßten wir nicht, wie es ist, wenn uns ein Freund die Tränen abwischt.

Aber was hat das alles mit Gott zu tun? Wenn ich sage, daß das Leiden unsere besten Eigenschaften zur Entfaltung bringen kann, stimme ich dann damit ein Loblied auf die menschliche Güte an? Ganz und gar nicht! Wenn ich die Güte der Menschen lobe, rühme ich in Wirklichkeit die Güte Gottes. Denn jede gute und edle Sache in dieser Welt stammt ja schließlich von *Gott* (Jakobus 1,17). Alle Liebe und Freundlichkeit, jedes Mitteilen und Mittragen und jede Vergebung kommt im Grunde von Gott. Wir sind nach seinem Bild geschaffen – selbst die unter uns, die ihn nicht anerkennen. Gewiß, dieses Bild ist durch die Sünde verzerrt und beschmutzt. Aber es ist immer noch da, und jede gute Tat ist ein Beweis dafür.

Unter all den verschiedenen Arten des Leidens scheint eine am ehesten die Leute auf Gott hinzuweisen: die Verfolgung. Sicher haben Sie schon einmal bemerkt, daß Diamanten in einem Juwelierladen gewöhnlich vor einem Hintergrund aus dunklem Samt ausgestellt werden. Das weiche, dunkle Tuch bildet nämlich einen starken Kontrast und bringt die feingeschliffenen Kanten und den Glanz der Edelsteine vorteilhaft zur Geltung. Ebenso dient die Beschimpfung des christlichen Glaubens als Samttuch. Die erstaunliche Liebe, mit der der Christ reagiert, erscheint um so strahlender, je stärker der Angriff ist.

Im Neuen Testament werden die Christen aufgefordert, die Menschen zu lieben, die sie schlecht behandeln. Unsere Welt hungert nach wahrer Liebe. Ich meine damit nicht die Liebe in rührseligen Romanen und Hörspielen, wo „ich liebe dich" gewöhnlich bedeutet: „Ich liebe mich und will das haben, was du mir geben kannst!" Ich spreche auch nicht einmal von der Bruderliebe. Denn „. . . wenn ihr liebt, die euch lieben, was für einen Dank habt ihr? . . . auch die Sünder tun dasselbe"(Lukas 6,32-33). Ich meine die Liebe, die etwas kostet, die gibt, bis es dem Geber weh tut, auch dann, wenn er weiß, daß er nichts dafür bekommt. Damit die Welt diese Art von Liebe zu sehen bekommt, müssen die Christen es wagen, dem Vorbild Jesu Christi zu folgen. Wie handelte der Herr Jesus? Er liebte sogar die, die ihn peitschten und schlugen. „Denn was ist das für ein Ruhm, wenn ihr Streiche erduldet, weil ihr gefehlt habt? Wenn ihr aber für Gutestun leidet und erduldet, das ist Gnade bei Gott. Denn dazu seid ihr berufen, weil auch Christus für euch gelitten und euch ein Vorbild hinterlassen hat, daß ihr seinen Fußstapfen nachfolget. Er hat keine Sünde getan, es ist auch kein Betrug in seinem Munde erfunden worden; er schalt nicht, da er gescholten ward, er drohte nicht, da er litt, sondern übergab es dem, der gerecht richtet; er hat unsere Sünden selbst hinaufgetragen an seinem Leibe auf das Holz, damit wir, der Sünde gestorben, der Gerechtigkeit leben möchten; durch seine Wunden seid ihr heil geworden" (1. Petrus 2,20-24).

Wenn Jesus Christus nicht beschimpft worden wäre, wer hätte dann seine Vergebung erfahren? Und wenn er seine Strafe verdient hätte, was wäre dann Besonderes daran gewesen, daß er sie bereitwillig auf sich nahm, ohne sich zu wehren? Doch so wie die Sache stand, konnte die Welt an seiner Haltung seinem eigenen Leiden gegenüber das Wesen Gottes erkennen. Welche Folge hatte das? Petrus sagte: „ . . . durch dessen Striemen ihr geheilt worden seid." Etliche meiner Leser werden Christen sein, deren Familien, Freunde, Nachbarn und Arbeitskollegen von Ihrem Glauben nicht viel halten. Vielleicht sagen sie Ihnen das auch unmißverständlich. Ich möchte Ihnen eine Frage stellen: Haben Sie schon gelernt, diese Bedrängnisse als Antwort Gottes auf Ihre Gebete zu sehen? Manche Herzen können nur durch echte Liebe überwunden werden. Und diese Liebe werden sie nur dann erfahren, wenn jemand trotz ihrer Gehässigkeit nett zu ihnen ist. Wenn man Sie freundlich behandelt, und Sie zu solchen Leuten auch freundlich sind, was ist schon Besonderes dabei? „ . . . auch die Sünder tun dasselbe." Aber wenn man Sie schlecht behandelt, was für eine Herausforderung ist das für Sie! Dann können Sie das Juwel der Vergebung um Jesu willen vor dem Samttuch des Leidens herausstellen. Ihre Probleme sind dann das Mittel, durch das die Größe und Herrlichkeit Gottes sichtbar wird.

Vor mehr als zehn Jahren besuchte mich meine Freundin Diana im Krankenhaus und versuchte, mir anhand der Bibel die Wahrheiten zu erklären, die ich Ihnen in diesem Kapitel mitgeteilt habe. Aber damals konnte ich es einfach nicht glauben, daß Gott mich deshalb das Genick brechen ließ, nur damit er verherrlicht würde. Diese Theorie erweckte in mir den Eindruck, als ob Gott irgendwie ichsüchtig sei.

Aber denken wir einmal über diese Vorstellung nach. Stellen Sie sich vor, Sie wären – wie Gott – das wahrhaftigste, gerechteste, reinste, vollkommenste und lobenswerteste Wesen, das es gibt. Und alles andere im ganzen Universum, das eine von diesen Eigenschaften besäße, hätte sie von Ihnen, weil es bis zu einem gewissen Grad ein Spiegelbild von Ihnen wäre, denn ohne Sie gäbe es diese Eigenschaften gar nicht.

Wenn das der Fall wäre, müßte jeder, der in irgendeiner Weise besser werden wollte, Ihnen ähnlicher werden. Wenn Sie nun die Menschen aufforderten, über diese guten Eigenschaften nachzudenken, würde das bedeuten, Sie müßten sie auffordern, über Sie nachzudenken. Die Ichbezogenheit der anderen wäre falsch, denn ihre Gedanken würden sich in diesem Fall um Sünde und Unvollkommenheit drehen. Ihre Ichbezogenheit hingegen hätte die Vollkommenheit zum Ziel.

Wenn Gott uns deshalb auffordert, über ihn nachzudenken, will er, daß wir alles erwägen, was wahr, gerecht, rein, liebens- und lobenswert ist. Das bringt oft Leiden mit sich, und wir seufzen dann: „Ach, wie schrecklich!" Aber in Wirklichkeit sind Gottes Leidenspakete in Barmherzigkeit eingehüllt; denn er weiß, wie wichtig es ist, daß seine Eigenschaften auch unsere Eigenschaften werden. Denn wie wäre es, wenn Gott uns „in Ruhe ließe"? Stellen Sie sich vor, er würde nie wieder eine Prüfung schicken, um uns und andere auf ihn hinzuweisen. Wäre damit alles Leiden zu Ende? Keinesfalls! Wir wären dann nur einer viel schlimmeren Art des Leidens ausgeliefert. Wenn wir uns selbst überlassen blieben und sich unsere sündhafte Natur ungehindert entfalten könnte, würden wir uns in unserer Habgier und in unserem Haß gegenseitig zerfleischen.

Doch Gott teilt das Leiden mit liebenden Händen aus und schickt uns nur das, was zu unserem Guten dient und uns an sein Herz treibt. Er weiß ja noch mehr: Wenn wir ihn als unseren Heiland und Herrn kennen, werden wir einmal bei ihm im Himmel sein, wo alles Leid ein Ende haben wird .

6

WENN NIEMAND ZUSCHAUT

Bis jetzt habe ich fast ausschließlich davon gesprochen, wie sich unser Verhalten in Prüfungen auf andere Menschen auswirkt. Ist das nicht eine großartige Sache: die Art und Weise, wie wir mit unseren
Problemen fertig werden, kann anderen Mut machen und sie dazu bewegen, Gott die Ehre zu geben.

Doch manche meiner Leser haben nur wenig
oder gar keine Berührung mit anderen Menschen.
Vielleicht sind Sie schon älter, sind alleinstehend,
gehen selten aus und bekommen wenig Besuch. Ihr
früheres gesellschaftliches Leben ist einer ruhigeren
Lebensweise gewichen – Sie lesen viel, halten vielleicht ein Haustier und bestellen einen kleinen Garten. „Wie soll meine Not meinen Mitmenschen eine
Hilfe sein?" fragen Sie sich vielleicht. „Es ist ja niemand da!" Ja, wie kann Ihr Verhalten in Prüfungen
der Sache Gottes dienen, wenn niemand Sie beobachtet?
Oder wie steht es mit denen, die zwar immer wieder
mit vielen Menschen in Berührung kommen, ohne
jedoch engeren Kontakt mit ihnen zu bekommen?
Vielleicht unterhalten sie sich ausschließlich über
das Wetter, über Sport und Mode, während die
wahren Lebensfragen, nämlich die, die einen be-
drängen, wenn man nachts wachliegt und grübelt,

gar nicht zur Sprache kommen. Ihre Arbeitskollegen, denen Sie im Flur mit einem lächelnden „Guten Morgen" begegnen, haben keine Ahnung von
den Problemen, mit denen Sie sich herumschlagen.
Manche Dinge kann man einfach nicht jedem Be-
liebigen mitteilen. Ihre Not und die Art und Weise,
wie Sie damit fertig werden, wird natürlich für andere nicht zur Hilfe, wenn niemand jemals etwas
davon erfährt.

Vielleicht werden Sie noch mehr entmutigt, wenn
die wenigen, die beobachten, wie Sie Ihr Leid aus
Gottes Hand nehmen, anscheinend völlig unberührt
davon bleiben. Sie lassen sich weder durch Ihr vor-
bildliches Verhalten noch durch die Hilfe Ihres
Gottes beeindrucken. Dann kommen Sie sich vor
wie ein Kandidat bei einer politischen Wahl, der
seinen Beruf und eine Unsumme Geldes geopfert
hat, und am Ende doch nicht gewählt wird. Alle
Mühe war für nichts und wieder nichts! Umsonst zu
leiden – ist das nicht ein schrecklicher Gedanke?
Wenn es gilt, für unseren Glauben zu leiden, ja. Für
unsere Familie, ganz bestimmt. Für unsere Wünsche, vielleicht. Aber für nichts und wieder nichts?
Welch eine Tragik! Dabei spielt es keine Rolle, ob
wir tatsächlich allein sind oder uns bloß einsam
fühlen – wenn wir der Meinung sind, unsere
Schmerzen und Sorgen seien sinnlos, kann uns das
zur Verzweiflung treiben.

Wenn irgend jemand unter meinen Bekannten
umsonst zu leiden schien, war es Denise Walters.
Die Leser meines ersten Buches werden sich an sie
als eine meiner vier Zimmergenossinnen erinnern.
Zusammen mit Betty Glover, B. J. und Ann lagen

wir im Rehabilitationskrankenhaus Greenoaks. Anderthalb Jahre vor meiner Einlieferung besuchte Denise die letzte Klasse des Westgymnasiums Baltimore. Sie war hübsch und beliebt. Eines Morgens stolperte sie auf der Treppe, als sie in der Pause mit einigen Klassenkameradinnen die Stufen hinaufsprang. Niemand machte sich Gedanken darüber. Ihre Freundinnen halfen ihr, die Kleider zu säubern und ihre verstreuten Bücher wieder aufzusammeln.

„Du wirst langsam tolpatschig. Bist ja auch nicht mehr die Jüngste", foppte sie eine.

„Ich weiß nicht, was das war", entgegnete Denise, während sie sich bestürzt aufrichtete. „Ich fühle mich auf einmal irgendwie schwach auf den Beinen."

Wahrscheinlich liegt es an deiner ständigen Schlankheitskur", meinte ihre beste Freundin. „Du hast es wahrhaftig nicht nötig, noch abzunehmen; du siehst blendend aus und könntest dir zu Mittag ruhig mehr leisten als nur eine Möhre und einen Apfel."

„Du wirst wohl recht haben –", stimmte Denise ihr zu, und alle gingen in die Klasse.

Aber gegen Abend konnte sie kaum noch gehen. Zu Hause legte sie sich sofort ins Bett; und als sie zum Abendessen aufstehen wollte, waren ihre Beine gelähmt. Innerhalb kurzer Zeit hatte die Lähmung auf die Arme übergegriffen, und bald wurde sie auch noch blind. Es war ein ungewöhnlicher Fall von multipler Sklerose.

Als Denise Walters bewegungslos im Krankenhaus von Greenoaks lag, wußte sie, was Leiden bedeutete. Sie konnte nicht fernsehen, ja, noch nicht einmal aus dem Fenster schauen. Auch Lesen war unmöglich; sie war darauf angewiesen, daß sich jemand die Zeit nahm, sich zu ihr setzte und ihr vorlas. Das Sprechen fiel ihr sehr schwer. Sie wußte, daß sie bald sterben würde, und das machte ihr am meisten zu schaffen. Gelegentlich besuchten sie ihre Freundinnen. Doch wenn man lange Zeit im Krankenhaus liegt, lassen die Besuche immer mehr nach. Am Schluß kam eigentlich nur noch ihre Mutter, eine feine, gläubige Frau, die ihrer Tochter, die auch Jesus liebhatte, jeden Abend aus der Bibel vorlas und mit ihr betete. Erstaunlicherweise beklagte sich Denise nie. Vielleicht meinen Sie, daß Gott sie leiden ließ, um den Menschen ihre Geduld zu zeigen und sie dadurch auf ihn aufmerksam zu machen. Aber gerade das war nicht der Fall. Zunächst einfach deshalb, weil nur sehr wenige sie jemals zu Gesicht bekamen. Ihre Mutter und wir, ihre Zimmergenossinnen, waren außer dem Krankenhauspersonal so ziemlich die einzigen, mit denen sie überhaupt Kontakt hatte. Und selbst wir, die neben ihr lagen, unterhielten uns meist nur über oberflächliche Dinge, so daß nie offenbar wurde, was in Denise vor sich ging. Soweit sie es beurteilen konnte, sah oder beachtete niemand ihre Liebe zu Gott und wie sie sich in seinen Willen fügte. Das Traurigste war wohl die Tatsache, daß sich nicht das geringste änderte, wenn ausnahmsweise einmal ein Strahl von ihrer Liebe und ihrem Glauben durch den dichten Nebel unserer geistlichen Blindheit drang. Niemand hat je zu ihr gesagt: „Ich möchte auch den Frieden, den du hast. Wie kann ich ihn bekommen?" Ihr Leiden schien umsonst zu sein, wie ein kostbarer Regen, der auf das Wasser des Meeres fällt, während nur einige Kilometer davon entfernt die Menschen in der Wüste fast verdursten. Fünf Jahre nach meiner Entlassung aus Greenoaks starb Denise. Als ich diese Nachricht erhielt, hatte ich mit widerstreitenden Gefühlen zu kämpfen. Natürlich freute ich mich, daß sie nun nicht mehr leiden mußte und bei ihrem Herrn sein durfte. Aber die Frage nach dem Warum ihres monatelangen, qualvollen und scheinbar sinnlosen Leidens vor ihrem Tod ließ mich nicht los. Als ich eines Abends mit Diana und Steve im Gespräch vertieft an unserem Kamin saß, teilte ich ihnen meine Gedanken mit. Diana überlegte kurz und begann dann:

„Nach den Äußerungen von Denise zu urteilen, hat sie ihr Leiden wohl nicht als sinnlos angesehen." Ich mußte ihr recht geben, obwohl ich mir nicht vorstellen konnte, warum. „Du hast die Mädchen in jenem Zimmer doch gekannt, Diana. Du hast mich ja oft genug besucht. Wir haben Denise nie verstanden."

„Das kann sein", erwiderte Diana. „Doch sie wußte, daß ihr nicht die einzigen Beobachter wart."

„Ach, Diana, wer war da schon? Alle paar Augenblicke kam mal die eine oder andere Krankenschwester herein. Die rannten doch viel zu geschäftig umher, als daß sie Denise einmal zugehört hätten. Und bis Denise sich überhaupt überwunden hat, etwas zu sagen!"

„Ich meine nicht die Krankenschwestern", sagte Diana und blickte mir direkt in die Augen. „Ich spreche von Gott und der ganzen unsichtbaren Welt, weißt du, von den Engeln und Dämonen.

Menschen haben sie vielleicht nicht beachtet, diese geistlichen Mächte aber ganz bestimmt."

Natürlich wußte ich, daß Gott die ganze Zeit zugeschaut hatte, obwohl ich gestehen muß, daß es manchmal nicht den Anschein hatte. Aber Engel und Dämonen? Es war mir nie bewußt geworden, daß auch sie zuschauten.

Diana fuhr fort: „Joni, die Bibel sagt deutlich, daß die unsichtbaren Mächte die Gedanken und Gefühle eines jeden Menschen beobachten. Ja, der Geist des gewöhnlichsten und unbedeutendsten Menschen ist ein Schlachtfeld, auf dem die stärksten Kräfte des Universums aufeinanderprallen.

Da ich merkte, daß sich Diana in das Thema hineinsteigerte, wie es oft bei ihr der Fall war, unterbrach ich sie, bevor sie zu weit ging.

„Diana, das hört sich ja fast wie aus einem Zukunftsroman an. Kannst du mir eine entsprechende Bibelstelle zeigen?"

Darauf hatte sie wohl nur gewartet. So führten mich Diana und Steve – bei dem schwachen Schein des Kaminfeuers und einer einzigen Lampe – durch die Heilige Schrift.

„Natürlich kümmern sich die Engel darum, was die Menschen tun", sagte sie voller Begeisterung. Dann blätterte sie in ihrer Bibel und zeigte mir nach kurzem Suchen einen Vers. „Sieh einmal hier!" Sie wies auf Lukas 15,10.

„So, sage ich euch, ist Freude vor den Engeln Gottes über *einen* Sünder, der Buße tut", las ich halb leise, halb vor mich hin murmelnd.

„Kannst du dir das vorstellen?" rief sie. „Das heißt also, daß sich die Engel Gottes richtig freuen, wenn sich Menschen entscheiden, den richtigen Weg zu gehen!"

„Glaubst du, daß sie auch jetzt auf uns schauen?" fragte ich und blickte verstohlen im Raum umher, halb erwartend, hinter den Vorhängen ein Rauschen zu hören.

„Gewiß", schaltete sich Steve ein. Er nahm Dianas Bibel und schlug Epheser 3,10 auf. „Hier ist noch ein Vers, der beweist, daß die unsichtbaren Mächte uns beobachten. Sieh' doch, Gott gebraucht die Gemeinde und sein Wirken an seinen Kindern, um den Engeln und Dämonen zu zeigen, wie weise und mächtig er ist."

„Tatsächlich!" sagte ich strahlend. „Wir sind also wie eine Art Tafel, auf der Gott Lektionen über sich selbst aufschreibt."

„So war Denise's Leiden also doch nicht umsonst", überlegte ich.

„Wenn sich auch nicht viele Menschen um sie gekümmert haben, so wußte sie doch, daß sie dort in ihrem einsamen Krankenzimmer beobachtet wurde – und zwar von sehr, sehr vielen."

Einige Jahre nach diesem Gespräch mit Diana und Steve sprach ich eines Sonntagabends in einer Kirche in der Umgebung von Baltimore. In meiner Ansprache erwähnte ich kurz Denise und ihren unerschütterlichen Glauben während ihrer Krankheit. Nach der Versammlung kamen zwei Frauen zu mir aufs Podium und sagten, die Mutter von Denise sei ihre Arbeitskollegin. Sie könnten es kaum erwarten, bis sie am Montagmorgen zur Arbeit kämen und Frau Walters erzählen könnten, daß ich von ihrer Tochter gesprochen hätte.

Das war eine Überraschung! Lange Zeit hatte ich den Wunsch gehabt, einmal mit Frau Walters über diese Dinge zu sprechen, die mir Diana und Steve anhand der Bibel gezeigt hatten, aber ich hatte nicht gewußt, wie ich sie erreichen sollte.

Ich bat die Frauen: „Würden Sie bitte Frau Walters etwas ausrichten? Sagen Sie ihr bitte, daß Denise's Leiden nicht umsonst war. Ich weiß, daß es so aussieht, als hätten diese acht langen Jahre einsamen Krankenlagers wenig Sinn und Zweck gehabt. Doch Engel und Dämonen haben erstaunt zugesehen, wie dieses Mädchen sich nie beklagte oder ungeduldig wurde. Das muß wie ein angenehmer Wohlgeruch zu Gott aufgestiegen sein."

Vielleicht haben manche von Ihnen ein ähnliches Schicksal wie Denise zu tragen. Sie sind allein –, oder einfach einsam. Doch wenn Sie wieder einmal versucht sind zu denken, es sei gleichgültig, wie Sie mit Ihren Prüfungen fertig werden, weil es doch niemanden etwas nütze, lesen Sie bitte, bevor Sie den Kampf aufgeben, die Verse, über die wir drei uns an jenem Abend vor unserem Kamin unterhalten haben. Vielleicht wird es Ihnen dann bewußt, daß eben *doch* jemand zuschaut. Jemand kümmert sich um Sie. Vielleicht überraschen Sie sich sogar dabei, wie Sie lauschen, ob nicht ein leises Flügelrauschen zu hören sei!

7

GOTT ZERBRICHT UND FORMT UNS

Durch alle Jahrhunderte hindurch war die Verheißung Gottes aus Römer 8,28 ein Lieblingsvers der Christen: „Wir wissen aber, daß denen, die Gott lieben, alles zum Guten mitwirkt, denen, die nach dem Vorsatz berufen sind." In meinem ersten Buch habe ich berichtet, daß ich der Meinung war, das „Gute", zu dem alle Dinge mitwirken würden, bedeute für mich, daß ich wieder meine Glieder gebrauchen, zur Universität gehen, heiraten und eine Familie gründen könnte. Aber dann zeigte mir ein Freund den darauffolgenden Vers, und dort fand ich das wirklich „Gute", das meine Prüfungen hervorbrachten. „Denn welche er zuvor ersehen hat, die hat er auch vorherbestimmt, dem Ebenbilde seines Sohnes gleichgestaltet zu werden." Der große Bildhauer hatte den Meißel des Leidens in die Hand genommen und entfernte jetzt an meinem Charakter alles noch Störende, um ihn dem Wesen Jesu Christi ähnlich zu machen.

Ich muß zugeben, daß mir diese Vorstellung, Gott würde mir die Prüfungen „zu meinem Guten" schicken, „um mich Jesus Christus ähnlicher zu machen", zunächst gar nicht paßte. Ich kam mir vor wie ein Kind, das versohlt werden soll und die alte Leier zu hören bekommt: „Das tut mir mehr weh als dir!" Wie konnte Gott behaupten, daß er mich das Genick brechen ließ, weil er mich so sehr liebt? Das ist mir eine schöne Liebe!

Ich kann mich noch daran erinnern, wie ich eines Tages auf ein Buch von C.S. Lewis mit dem Titel „Über den Schmerz" stieß, in dem er genau diese Frage behandelt: Wie kann ein Gott der Liebe eine Welt mit so viel Schmerz und Krankheit zulassen? Alles, was Lewis sagte, leuchtete mir ein, aber eins wurde mir besonders klar. Er erklärte, daß viele von uns, die Gott vorwerfen, er sei kein Gott der Liebe, oft nur einen Aspekt der Liebe – nämlich die Freundlichkeit – herausgreifen und so darstellen, als sei das alles. Aber was ist mit den anderen Aspekten der Liebe? Liebe bedeutet unter anderem auch, aufbauende Kritik üben, den anderen zurechtweisen und anspornen, sein Bestes zu geben. Wenn wir mit „Liebe" meinen, dem anderen jedes Leid und jede Unannehmlichkeit zu ersparen, dann ist Gott nicht immer ein liebender Gott. Weiter sagt Lewis, daß wir von den Menschen und Dingen, die wir am meisten lieben, am meisten erwarten. Ich wußte, er hatte recht. Als Malerin lasse ich bei den Zeichnungen, die mich wenig interessieren, die Fehler durchgehen. Doch wenn mir ein Bild besonders am Herzen liegt, radiere und verbessere ich, soviel es nur aushält. So ähnlich verfährt Gott mit uns. Wenn wir ihn bitten, uns in Ruhe zu lassen und nicht zu läutern, bitten wir in Wirklichkeit darum, uns nicht mehr, sondern weniger zu lieben!

„Wir wünschten uns am liebsten einen Gott, der zu allem, was uns zu tun in den Sinn kommt, sagt: „Egal, wenn sie nur zufrieden sind!" Wir wollen also in Wirklichkeit eher einen Großvater als einen Vater im Himmel - einen Greis, der zufrieden ist, wenn die jungen Leute ihren Spaß haben, und dessen Plan für die Welt einfach so aussieht, daß man am Ende eines jeden Tages sagen kann: „Das war mal wieder ein schöner Tag!" (C.S.Lewis).

Gut. Gott liebt uns also, und wenn er uns leiden läßt, verfolgt er damit das Ziel, uns Jesus Christus ähnlicher zu machen. Aber wie verhält es sich nun mit dem Leiden? Besteht irgendeine geheimnisvolle Beziehung zwischen unseren Problemen und unserer Frömmigkeit? Werden wir automatisch heilig, wenn wir schwach und hilflos sind? Natürlich nicht. Denn manche Gefängniszelle wäre heute leer, wenn die Männer und Frauen, die darin ihre Strafe verbüßen, in jungen Jahren ihre Lektionen gelernt hätten. Etliche von ihnen wurden um so abgebrühter, in je mehr Messerstechereien sie verwickelt wurden und je öfter sie im Gefängnis landeten. Viele verhärteten sich in ihren Prüfungen, anstatt durch sie zu lernen. Aber wenn der Heilige Geist auch nur ein wenig an dem Herzen eines Menschen wirken kann, dann bewahrheitet sich das alte Sprichwort: „Dieselbe Sonne, die den Lehm härtet, bringt Wachs zum Schmelzen."

Wie geht aber dieses Schmelzen vor sich? Bringen die Prüfungen uns dazu, daß wir nun positiv denken, uns selbst helfen und unsere Lage meistern? Nein. Natürlich gehört auch eine Willensentscheidung dazu, wenn wir dem Vorbild Jesu Christi folgen wollen, um ihm ähnlicher zu werden. Wir mögen uns jedoch noch so sehr anstrengen, wir werden immer weit hinter seinem Vorbild zurückbleiben. Wir gleichen dann einem Handschuh, der versucht, eine Menschenhand nachzuahmen. Wie der Handschuh die Hand braucht, so brauchen wir Christus, damit er selbst sein Wesen durch uns ausleben kann. Das drückt der Apostel Paulus mit den Worten aus: „Denn Gott ist es, der in euch sowohl das Wollen als auch das Vollbringen wirkt, nach Seinem Wohlgefallen!" (Philipper 2,13). Wir wissen also jetzt, wer uns Jesus Christus ähnlich macht, und wollen nun herausfinden, wie er dabei vorgeht.

Wenn in unserem Leben irgend etwas Gutes erreicht werden soll, müssen wir zuvor zerbrochen werden. Das heißt, wir werden gedemütigt, können unseren Willen nicht durchsetzen und erkennen unser sündiges Wesen. Wenn wir Kinder Gottes werden, sind wir gewöhnlich völlig zerbrochen. Doch dann geht es uns wie einem armen Mann, der plötzlich reich geworden ist; wir vergessen sehr schnell, aus welchem Abgrund wir herausgezogen wurden. Allmählich schleichen sich Stolz und Eigendünkel wieder in unser Herz ein und, anders als in den ersten Wochen unseres neuen Lebens mit Jesus Christus, lassen wir nun „kleine" Sünden einfach durchgehen, ohne sie zu beachten.

Damit wir nun das geistliche Leben nicht vollends ganz verlieren, fängt Gott an, uns zu züchtigen. Wir meinen vielleicht, er hätte uns aufgegeben und wollte „uns gegen ein neueres Modell eintauschen", das ihm weniger Mühe macht. Aber gerade seine Züchtigung beweist, daß wir seine Kinder sind, denn ein Vater schlägt kein Kind, das ihm nicht gehört (Hebräer 12,7-8). Sie ist auch ein Beweis dafür, daß er uns liebt; denn weise Eltern züchtigen ihre Kinder, wenn sie sie wirklich lieben (Hebräer 12,5-6). Wenn wir eines Tages vor Gottes Thron stehen, um unseren Lohn zu empfangen, werden wir froh und dankbar sein, daß Gott uns mit all unserer Sündhaftigkeit hier auf der Erde nicht einfach laufen ließ!

Für manches Kind genügt schon der strenge Blick des Vaters, damit es weinend in sein Zimmer läuft, doch bei einem anderen ist der Stock nötig. So muß auch Gott verschiedene Mittel anwenden, um seine so verschiedenartigen Kinder zum Zerbruch zu führen. Manchmal genügen Gewissensbisse, um uns zu demütigen – wir werden von einer Predigt überführt oder erkennen unser langweiliges Christenleben, wenn wir das Lebensbild eines „Großen im Reich Gottes" lesen und uns mit ihm vergleichen. Ein andermal bedarf es vielleicht eines gebrochenen Armes, einer finanziellen Not oder einer anderen Schwierigkeit.

Welche Methode Gott auch anwenden mag, wir sagen vielleicht beim ersten Druck, den wir verspüren: „Damit werde ich schon fertig. Mich wird niemand auf die Knie zwingen!" Aber wenn Gott dann fester zupackt, merken wir allmählich, daß wir eben nicht damit fertig werden, daß in uns nichts Gutes wohnt und daß er dabei ist, unseren häßlichen Eigenwillen auszureißen und uns statt dessen sein Wesen einzupflanzen. Dabei dürfen wir jedoch eines nicht vergessen: Wenn Gott uns anstelle unserer Sündhaftigkeit seine Gerechtigkeit gibt, werden wir dadurch nicht zu Robotern gemacht. Statt dessen werden wir frei, um so zu sein, wie wir eigentlich sein sollten.

Ich mußte mir das Genick brechen, um in der Stille ernsthaft über den Herrschaftsanspruch Jesu Christi nachzudenken. Aber wie jeder andere muß auch ich immer noch geläutert werden. Wenn ich Durst habe, muß ich warten, bis mir jemand ein Glas Wasser bringt. Hin und wieder – wenn mein Urinbeutel undicht ist – verschmutze ich den Autositz einer Freundin oder eines Freundes. Das sind zwei von den Mitteln, die Gott gebraucht, um mich in der richtigen geistlichen Haltung zu bewahren. Aber sehr oft benutzt er als Werkzeug auch mein schlechtes Gewissen, es ist eine äußerst wirkungsvolle Waffe in der göttlichen Waffenkammer des Leidens.

Vor etwa einem Jahr gebrauchte Gott diese Waffe eines Nachts bei mir, als ich im Bett lag und mich mit meiner Schwester Jay unterhielt. Wir stellten fest, daß ihre Tochter Kay mit ihren zwölf Jahren schon eine richtige junge Dame sei. Es freute uns, daß sie in eine christliche Schule ging und in ihrem geistlichen Leben Fortschritte machte. Daraufhin kamen wir auf den geistlichen Zustand von Kathy, der Tochter unserer Nachbarn, zu sprechen. Sie ist Kays beste Freundin. Kathy schaut immer mal wieder bei uns herein. Sie ist quicklebendig und leicht für etwas zu begeistern – ein reizendes Mädchen wie Kay. Da es sehr schwer ist, Kathy einmal allein zu sprechen oder sie zum Stillsitzen zu bewegen, hatten wir mit ihr noch nie richtig über den Herrn Jesus gesprochen. Deshalb luden wir sie vor einigen Wochen zu uns ein, um Billy Graham im Fernsehen zu sehen. Wie wir so alle vor dem Bildschirm saßen und dabei Salzbrezeln aßen, hörte Kathy aufmerksam zu. Nach der Ansprache sagte sie, ohne sich an eine von uns direkt zu wenden: „Junge, wenn ich in dem Stadion gewesen wäre, wäre ich nach vorn gegangen." Jay und ich warfen uns gegenseitig Blicke zu, doch bevor wir mit ihr sprechen konnten, mußte sie nach Hause gehen.

Ich wußte, ich hätte diese Gelegenheit wahrnehmen müssen. Denn auf mich hätte sie am ehesten gehört. Kay hatte mir gesagt, daß Kathy mein Buch gelesen habe, und ich wußte, daß sie mich gern hatte. Sie war immer schnell bereit, mir ein Glas Wasser zu holen und kleine Handreichungen zu tun. Sie hatte sogar zu meiner Schwester Jay gesagt, sie fände mich ganz prima. Leider mußte Kathy am nächsten Tag mit ihren Verwandten einen Besuch machen. Am Tag darauf war ich mit etwas anderem beschäftigt; der Monat verging, und es schien sich keine Gelegenheit zu bieten, um mit ihr zu sprechen. In meinen Gedanken beschäftigte ich mich ständig mit den Ansprachen, die ich in den nächsten Wochen zu halten hatte, und das Gespräch mit Kathy wurde aufgeschoben.

An jenem Abend, an dem ich mich mit Jay unterhielt, war ich gerade von einer dieser Vortragsreisen zurückgekehrt. Ich war körperlich und geistig erschöpft, wollte ausspannen und hatte überhaupt keine Lust, über ein schwieriges Thema zu sprechen. Doch als Jay aus dem Badezimmer kam, fragte sie mich beiläufig –während sie sich noch kämmte –, ob ich schon einmal mit Kathy über den Herrn Jesus gesprochen hätte.

„Nein, das habe ich nicht", brummte ich widerwillig. Ich hatte einfach keine Lust, jetzt über dieses

Thema zu sprechen. Doch als ich versuchte, mich weiterhin auf die Spätnachrichten im Fernsehen zu konzentrieren, ließ mich mein Gewissen nicht zur Ruhe kommen.

Um den Vorwurf von mir abzuwälzen, sagte ich kurz darauf: „Warum hast du denn nicht mit ihr gesprochen?"

„Hör mal, Joni", erwiderte Jay, „du stehst Kathy viel näher als ich. Du weißt doch, wie sie zu dir aufschaut."

Allmählich rührte sich mein verletzter Stolz, und ich verteidigte mich hartnäckig. „Ich habe einfach keine Zeit gehabt", fuhr ich sie an.

„Soso!" rief Jay „Du hast Zeit, um im ganzen Land herumzufliegen und das Evangelium zu verkündigen, aber für die beste Freundin deiner Nichte hast du keine Zeit!"

Das saß. „Wieso kommt es eigentlich, daß jeder von mir erwartet, ich müßte die ganze Welt belehren?" stieß ich ärgerlich hervor und fuhr dann fort, mich durch alle möglichen Ausreden zu verteidigen.

Aber sobald ich meine „Rede" beendet hatte, bekam ich Gewissensbisse. Da ich nicht aufstehen und den Raum verlassen konnte, schloß ich die Augen und drehte mein Gesicht zur Seite, um es in den Kissen zu vergraben. Mein Herz brannte in meinem Inneren so heiß wie die Tränen, die mir über die Wangen rollten. Ich wollte es einfach nicht zugeben, doch ich wußte, daß Jay recht hatte.

Nachdem die Lichter im Haus erloschen waren, fing ein kleiner Projektor in meinem Kopf an, einen Film von der ganzen Zeit ablaufen zu lassen, die ich mit Kathy zusammengewesen war, wenn sie meine

Staffelei zurechtrückte, meinen Urinbeutel leerte oder mir kichernd von ihren Jungenbekanntschaften erzählte. Dabei hätte ich oft Gelegenheit gehabt, mit ihr über ernstere Dinge zu sprechen. Ich brauche wohl nicht besonders zu betonen, daß ich „am Boden zerstört" war. Mein Stolz war gebrochen. Und außerdem wurde ich mir plötzlich im Licht der Herrlichkeit Gottes meiner ganzen Erbärmlichkeit bewußt.

Gott ist jetzt bestimmt schrecklich zornig auf mich, dachte ich. Aber als ich mich weiter mit diesem Gedanken beschäftigte, merkte ich, daß er falsch war. Ein Vers aus dem Epheserbrief kam mir plötzlich in den Sinn. Dort werden wir aufgefordert, den Geist Gottes nicht zu betrüben (Epheser 4,30). Ich denke, das ist es. Er ist nicht zornig auf mich; „betrübt" sollte ich wohl besser sagen.

Dabei fiel mir eine Predigt ein, die ich einmal gehört hatte. Der Pastor wollte deutlich machen, wie vollständig Jesus Christus durch seinen Tod mit unseren Sünden abgerechnet hat. „Als Jesus an diesem schrecklichen Kreuz vor den Mauern Jerusalems schwitzte und litt", hatte er gesagt, „war es, als ob Gott ihn mit flammenden Blicken ansehen und anklagen würde: 'Jesus, warum hast du diese Lüge gesagt? Warum hast du betrogen, warum bist du lüstern und habgierig gewesen? Ich bestrafe dich hier für alle diese Dinge!' Natürlich hatte Jesus Christus nie etwas dergleichen getan, sondern wir, und jede einzelne Sünde, die Sie und ich begangen haben, wurde ihm dort angelastet."

Ich erinnerte mich daran, wie ungerecht Jesus Christus diese Behandlung vorgekommen sein mußte. Weiter hatte der Prediger gesagt: „Er litt, als ob er unsere Sünden begangen hätte, und so mußte er das unbeschreibliche Grauen durchstehen, indem er ausrief: „Mein Gott, mein Gott, warum hast du mich verlassen?" Und wissen Sie, warum? An jenem Tag hat Gott seinen eigenen Sohn verlassen, damit unsere Sünden vollständig ausradiert würden und er nun zu uns sagen könnte: 'Ich will dich nicht verlassen noch versäumen.' Wenn du, lieber Freund, Jesus Christus als deinen Heiland und Herrn angenommen hast, ist der ganze Zorn Gottes für deine Sünde auf Jesus Christus ausgegossen worden; für dich ist kein Zorn mehr übrig."

Kein Zorn mehr für mich übrig! Ich schämte mich in Grund und Boden. Die Güte Gottes hatte mich zur Buße geleitet (Römer 2, 4). „Mein Gott", flüsterte ich leise, „ich fliege überall herum, um den Menschen von dir zu sagen, und doch habe ich noch nie richtig mit meiner unmittelbaren Nachbarin Kathy gesprochen. Oh, vergib mir, daß ich so blind war und dich so sehr betrübt habe. Vergib mir, daß ich meine eigene Bequemlichkeit höher geachtet habe als Kathys Errettung. Hab Dank, daß du ein Ungeziefer wie mich trotz alledem liebst."

Falls Sie dieser Ausdruck verwundert, möchte ich hinzufügen, daß ich mir unter Ungeziefer all die widerlichen kleinen Geschöpfe vorstelle, die über den Boden kriechen, Dreck fressen und wert sind, zertreten zu werden! David hatte das gleiche Gefühl, als er in Psalm 22 sagte, er sei kein Mensch, sondern ein Wurm. Im Gegensatz zu einer Schlange, die den Kopf hebt, zischt und beißt, kann ein Wurm sich nicht verteidigen. Er weiß, daß er jeden

Augenblick zertreten werden kann. So kam ich mir in jener Nacht vor. Ich wußte, daß in mir nichts Gutes war. Ich war völlig zerbrochen, und genau in diesem Zustand wollte Gott mich haben.

Ohne daß es mir bewußt wurde, machte mich Gott seinem Sohn, Jesus Christus, ähnlicher, indem er mich zerbrach. Denn Jesus Christus selbst war *das* Vorbild eines gebrochenen Menschen. Nicht daß er je widerspenstig gewesen wäre und gesündigt hätte, so daß er es nötig gehabt hätte, umgestaltet zu werden. Keineswegs. Aber er verließ die Herrlichkeit des Himmels, um ein Mensch zu werden, und unterwarf sich auf diese Weise dem Willen seines Vaters. So können auch wir uns nur dadurch unterwerfen, daß wir uns zerbrechen lassen. Im Grunde geht es beim Zerbruch immer darum: Wir sollen erkennen, daß wir kein Recht haben, unser Leben nach unserem Willen einzurichten, sondern uns dem Willen Gottes unterwerfen müssen. Unser Vorbild ist Jesus Christus, der „da er sich in Gottes Gestalt befand, es nicht wie ein Raub festhielt, Gott gleich zu sein; sondern sich selbst entäußerte, die Gestalt eines Knechtes annahm und den Menschen ähnlich wurde, und in seiner äußeren Erscheinung wie ein Mensch erfunden, sich selbst erniedrigte und gehorsam wurde bis zum Tod, ja bis zum Kreuzestod!" (Philipper 2,5-8). Das war das Wesen Jesu Christi!

Andrew Murray sagte einmal, wie das Wasser die niedrigste Ebene sucht und füllen will, so trachtet Gott danach, uns mit dem Wesen seines Sohnes zu erfüllen, wenn wir entleert, zerbrochen und gedemütigt sind. Eigentlich sollte dieser Gesichtspunkt schon genügen, um in uns die feste Zuversicht zu wecken, daß selbst unsere schwersten Leiden „der Mühe wert sind."

Da ich gerade vom Erfülltwerden spreche, möchte ich noch erzählen, welch große Freude mich erfüllte, als Kathy und Kay am nächsten Morgen in mein Schlafzimmer gesprungen kamen. Ich glaube nicht, daß ich mich je in meinem Leben so sehr über eine Begegnung mit einem bestimmten Menschen gefreut habe. Als ich nur einige Minuten mit Kathy über den Herrn Jesus gesprochen hatte, merkte ich, daß der Heilige Geist bereits sein Werk als Wegbereiter getan und ihr Herz vorbereitet hatte.

Als wir den Kopf senkten und Kathy in einfachen Worten betete, daß Jesus Christus als Heiland und Herr in ihr Leben kommen möge, konnte ich der Versuchung nicht widerstehen, einen Blick auf sie zu werfen. „Du weißt ja, o Gott", betete ich freudig, „Zerbruch schmerzt für eine Weile, aber schließlich lohnt er sich doch." „Alle Züchtigung aber, wenn sie da ist, dünkt uns nicht zur Freude, sondern zur Traurigkeit zu dienen" (Hebräer 12,11).

Gott lenkt unseren Sinn auf geistliche Dinge

Züchtigung ist wertvoll, doch Gott kann das Leiden auch auf andere, positivere Weise benutzen, um uns dem Bild Jesu Christi ähnlicher zu machen. Stellen Sie sich beispielsweise vor, wie ein guter Vater seinen neunjährigen Sohn behandelt. Sooft der Junge etwas anstellt oder nicht gehorcht, wird er von Papa bestraft. Doch selbst wenn er brav ist, weist der Vater ihm bestimmte Aufgaben zu, die einem Neunjährigen so unangenehm wie eine Bestrafung vorkommen. Vielleicht muß er den Mülleimer zweimal in der Woche an die Straße hinausstellen oder den Rasen mähen; vielleicht soll er einen Teil seines Taschengeldes auf die Bank bringen. Auf jeden Fall könnte der Junge denken: „Nur weil Papa den ganzen Tag arbeiten muß, gönnt er mir auch keine Freude." Aber das stimmt ja gar nicht. Der Vater möchte seinem Sohn beibringen, Verantwortung zu übernehmen, damit er sich später als Erwachsener in der Welt zurechtfindet.

Manchmal gleichen wir diesem Neunjährigen. Wir meinen, Gott ließe uns leiden, weil er uns „keine Freude gönne". Dabei will er in Wirklichkeit unsere Sinne von den Spielen und Spielsachen dieser Welt weglenken. In Kolosser 3,1-4 ist davon die Rede, daß wir unsere Sinne nicht auf die vergänglichen Dinge der Welt richten sollen, sondern auf die himmlischen Herrlichkeiten, dahin, wo Jesus Christus zur Rechten Gottes sitzt.

Als ich noch gehen konnte, war es für mich sehr schwer, meine Gedanken auf den Himmel zu richten. Die Dinge dieser Welt hielten mich ganz in ihrem Bann. Was mich interessierte, war, mich mit dem richtigen Jungen zu treffen, den richtigen Wagen zu fahren, auf das richtige College zu kommen und die richtigen Freunde zu haben. Doch als es mir schließlich klar wurde, daß ich nie wieder in der Lage sein würde, zu gehen, zu tanzen, zu schwimmen, zu reiten, Gitarre zu spielen, Auto zu fahren oder Sport zu treiben, wurde ich dazu gezwungen, über den Himmel nachzudenken. Das war keine Flucht aus der Wirklichkeit oder eine Ersatzbefriedigung. Es wurde mir nur immer deutlicher bewußt, daß ich sonst keine Hoffnung auf ein dauerndes Glück habe. Plötzlich fesselten mich Bibelstellen über die Ziele, die Gott mit unserem Leiden verfolgt, die mir früher schrecklich langweilig vorgekommen waren. Jetzt las ich sie aufmerksamer als ein Aktionär die Börsenberichte.

Inzwischen lebe ich jeden Tag im Licht der Ewigkeit, und das ist mir schon so zur Gewohnheit geworden, daß ich fast vergessen habe, wie ich früher gelebt und gedacht habe. Aber Gott hat mich vor kurzem wieder daran erinnert.

Es war an einem gemütlichen Abend im Freundeskreis auf unserer Farm. Mein Schwager zupfte auf seiner Gitarre, und wir saßen alle herum, unterhielten uns, lachten und sangen beim Schein des knisternden Kaminfeuers. Unser rustikales Wohnzimmer, eine umgebaute Sklavenwohnung, ist weit über hundertfünfzig Jahre alt. Die Deckenbalken stammen von einem alten Segelschiff; an den dikken getünchten Mauern hängen grobe Gemälde von meinem Vater mit Szenen aus dem alten Westen. Auf dem Rauchfang ist Treibholz aufgeschichtet, und an der gegenüberliegenden Seite hängt eine handgewebte Indianerdecke. Das ganze Zimmer strahlt eine warme Gemütlichkeit aus.

Ich fühle mich in meinem Rollstuhl wohl, deshalb bleibe ich gewöhnlich darin sitzen, während sich andere auf die Couch oder auf einen Lehnstuhl setzen oder vielleicht mit dem Rücken zur Wand auf dem Teppich Platz nehmen. Aber an jenem Abend hat mich einer der Jungen neben meine

86

Freundin Betsy auf die Couch gesetzt. Nachdem sie mir die Beine übereinandergelegt hatte, sah ich, abgesehen von meinen Armschienen, so „normal" aus, daß ein Fremder, der mich nicht kannte, nie gemerkt hätte, daß ich gelähmt bin.

Eine Zeitlang lehnte ich mich einfach zurück und lauschte dem Lachen, Händeklatschen und Singen. Betsy fragte mich, wie ich mich auf dem Sofa fühle.

„Weißt du, das ist wirklich interessant", antwortete ich nachdenklich, während ich einen Blick über das Zimmer warf. „In der kurzen Zeit, die ich nun so hier auf der Couch sitze, – vielleicht sind es fünfundvierzig Minuten – merke ich schon, wie leicht ich Gott vergessen könnte, wenn ich wieder gesund wäre."

Wissen Sie, als ich so auf der Couch saß und sehr „ungelähmt" aussah, konnte ich es mir leichter vorstellen, wie es wäre, wenn ich mir ein Glas Cola aus dem Kühlschrank holte, eine Platte auflegte, an die Tür ginge, wenn es klingelt, oder irgend etwas tue, was ein normaler Mensch eben tun kann. Ich merkte auch, daß ich leicht wieder von den kleinen Dingen des Lebens so sehr in Beschlag genommen würde, daß ich bald für Gott kaum noch einen Gedanken übrig hätte.

Viele würden sicher gar nicht über Gott nachdenken, wenn er nicht durch irgendwelche Probleme unsere Aufmerksamkeit auf sich lenkte. „In unseren Vergnügungen flüstert Gott uns zu, durch unser Gewissen spricht er, aber in unseren Schmerzen schreit er; sie sind das Sprachrohr, das eine taube Welt aufwecken soll", schreibt C.S. Lewis.

Wir hätten bis zu unserem Tod einfach so dahingelebt, ohne auch nur flüchtig an ihn oder an unser ewiges Heil zu denken. Und deshalb schickt uns Gott in seiner Gnade Schmerzen und Leiden als „Blockade auf dem Weg zur Hölle".

Einmal schrieben Paulus und Timotheus, daß Gott ihnen einige besonders harte Prüfungen gesandt habe, nur damit sie nicht auf sich selbst vertrauten, sondern auf Gott (2. Korinther 1,8-9). Diese Verse konnte ich an diesem Abend auf mich anwenden. Mein Rollstuhl erinnert mich immer wieder daran, wie sehr ich von Gott abhängig bin. Wenn ich plötzlich einen Schmerz im Rücken verspüre, wenn mein Korsett platzt oder wenn ich mich wundgelegen habe, wird es mir immer wieder neu bewußt, wie behindert ich in Wirklichkeit bin. Auf diese Weise zeigt mir Gott, daß er ein Anrecht auf mich hat. Solche Dinge lenken meine Gedanken und Erwartungen auf den Himmel. Sie machen mich Jesus Christus ähnlicher.

Möchten Sie auch manchmal zwei Dinge gleichzeitig tun? Mir geht es zuweilen so, und ich bin dabei bestimmt nicht die einzige. Wir alle gleichen mitunter einem Mann, der wegen des angenehmen Klimas zwar gern in Florida, im Süden, wohnen möchte, dem aber eine großartige Stelle in Neuengland, im Norden, angeboten wird. Nun gilt es, sich zwischen zwei Welten zu entscheiden, obwohl wir am liebsten in beiden gleichzeitig wohnen würden. Diese Schwierigkeit, zwischen zwei entgegengesetzten Wünschen entscheiden zu müssen, kennt der gläubige Christ am besten. Einerseits treibt ihn der Heilige Geist dazu, Gott zu lieben und nach dem zu trachten, was recht und gut ist. Doch andererseits wird er durch seine eigene sündige Natur ständig versucht. Er würde gern in beiden Welten leben, muß sich aber für eine entscheiden.

Wenn es um „große" Sünden wie Mord, Trunkenheit oder Ehebruch geht, haben viele von uns keine große Mühe, Jesus Christus zu gehorchen. Nur die sogenannten „kleinen" Sünden wie Sorgen, Jammern oder Groll möchten wir nicht aufgeben, und so stehen wir mit einem Fuß im Reich Gottes und mit einem in der Welt. Weil diese Sünden nicht so ins Auge fallen wie die anderen, würden wir wahrscheinlich nie ernstlich dagegen angehen, wenn Gott uns nicht dazu zwänge. Da aber „kleine" Sünden in Gottes Augen groß sind, zwingt er uns dazu, und zwar – Sie haben es erraten – durch das Leiden.

Sie können sich gewiß vorstellen, daß ich oft versucht war, mich zu sorgen, zu klagen und bitter zu sein, als ich zu Beginn meines Krankenhausaufenthaltes darum rang, den Sinn meiner Lähmung zu verstehen. Im Grunde meines Herzens wußte ich, daß solche Gefühle unrecht waren. Doch ich versuchte, mich zu verteidigen: „Gott wird gewiß nichts dagegen haben, wenn ich mich dann und wann mal ein wenig abreagiere. Schließlich bin ich ja gelähmt!" Nach einigen Monaten im Krankenhaus verschlimmerte sich meine Lage noch: Ich erfuhr, daß ich an meinem Steißbein operiert werden mußte. Der Knochen hatte sich durch die Haut gedrückt und mußte abgeschliffen werden. Nach dieser Operation lag ich zwei Wochen lang mit dem Gesicht nach unten in meinem Stryker-Rahmen, bis die Stiche verheilt waren. Wer das noch nicht erlebt hat, kann sich nicht vorstellen, wie es ist, in diesem schrecklichen „Sandwich-Bett" festgeschnallt zu sein. Das Gesicht liegt über einer Öffnung, durch die der Patient nur das sehen kann, was sich unmittelbar unter ihm befindet. Und unter meiner Nase war nur der Fußboden. „Mann, nicht genug damit, daß ich gelähmt bin; nun bin ich auch noch auf dieses Foltergerät gespannt, wo ich nur die Fliesen auf dem Boden zählen und mich überhaupt nicht rühren kann!"

Wenn Gott mich mit solchen Gedanken hätte davonkommen lassen, wäre das mein Schaden gewesen. Ich wäre immer tiefer in diesen Sumpf hineingeraten und hätte Gott auch nicht viel nützen können. Und was tat er deshalb? Er schickte mir noch ein Problem dazu! Am ersten Tag meiner zweiwöchigen Laufbahn als Wurstscheibe in einem Sandwich-Bett „garnierte" er mich mit der Hongkonggrippe! Plötzlich war die Unbeweglichkeit im Vergleich zu der Atemnot kein Problem mehr. Und diese hämmernden Kopfschmerzen! Ich protestierte empört: „Ja, reicht das denn nicht, was ich ohnehin zu leiden habe?" Aber während ich darüber nachsann, begriff ich plötzlich, was Gott tat. Er öffnete mir die Augen über mich selbst. Mein Groll war kein schwaches Rinnsal mehr, sondern ganz offensichtlich ein reißender Strom. Es kam mir fast vor, als ob er mir meinen Zorn vors Gesicht hielte und mit liebender, aber fester Stimme sagte: „Hör auf, immer zur anderen Seite zu blicken. Sieh hierher! Was du tust, ist Sünde. Wie stehst du dazu?" Er zwang mich zur Entscheidung.

Gott hatte mich in die Ecke gedrängt, und das

brauchen wir alle hin und wieder einmal. Ich mußte den Tatsachen ins Auge sehen und mich entscheiden: Wollte ich Jesus Christus in diesem Punkt gehorchen oder nicht? Der Druck war so stark geworden, daß mir nur zwei Möglichkeiten blieben: Entweder lieferte ich mich ihm ganz aus, oder ich gestattete mir den kurzlebigen Luxus, im Zorn und Groll zu verharren. Beide Wege würden mir sofort eine gewisse Erleichterung verschaffen, aber es waren doch zwei völlig verschiedene Medikamente, die sich nicht miteinander vermischen ließen. Ich hatte mich zu entscheiden. Neutralität war unmöglich.

Als ich mich vor dieses Ultimatum gestellt sah, wurde mir klar: Wenn ich Jesus Christus nicht folge, beschreite ich einen bösen Weg. Dieser Gedanke war mir eine große Hilfe. *Wenn ich eine wahre Jüngerin Jesu Christi sein wollte, mußte ich meine Sünden aufgeben.* Waren sie mir mehr wert als das Leben mit Gott? „Natürlich nicht", folgerte ich und sprach ein leises Gebet der Reue. Aus einer Schüssel mit heißem Wasser stieg Dampf in meine Nase und machte meinen Kopf klar. Dabei empfand ich in meinem Herzen, daß mein Gehorsam gegen Gott wie ein süßer Geruch zu ihm aufstieg.

Wenn also Gott Ihnen als Christ kleine oder große Leiden schickt, will er Sie dadurch zwingen, in bestimmten Punkten eine Wahl zu treffen, in denen Sie bisher einer Entscheidung ausgewichen sind. Er legt Ihnen einige Fragen vor, die Sie sich stellen sollen: Will ich weiterhin versuchen, in zwei Welten zu leben, gleichzeitig Jesus Christus und meinen eigenen sündigen Wünschen zu gehorchen? Will ich mich noch weiter sorgen? Will ich in Prüfungen dankbar sein? Will ich meine Sünden aufgeben? Kurz, will ich so sein wie Jesus Christus?

Er schickt Ihnen das Leiden, doch die Wahl liegt bei Ihnen.

Aus den Mosaiksteinen entsteht ein Bild

8

FOLGEN UND VERTRAUEN

Als ich noch gehen konnte, gehörte das Reiten zu meinen Lieblingsbeschäftigungen. Und das Schönste dabei war Augie, ein alter Vollblutfuchs, dem beim Springen so schnell kein anderes Pferd etwas vormachte. Doch Augie sah überhaupt nicht wie ein erstklassiges Vollblutpferd aus. Mit seinen langen Beinen und seinem schmächtigen Rumpf glich er eher einem Jungen, der zu rasch in die Höhe geschossen war. Außerdem war sein Kopf zu groß, er hatte eine römische Nase, so daß er nie einen Schönheitswettbewerb gewann. Aber er wußte jedenfalls, wie man über Zäune springt, und fast bei jeder Pferdeschau, an der wir teilnahmen, errang Augie den ersten Preis.

Er beherrschte jede Gangart, aber noch erstaunlicher war, daß er mir bedingungslos gehorchte und vertraute. Wenn wir auf einem Turnierplatz waren, tänzelte er ruhig auf einer Stelle. Nie zerrte er an den Zügeln, seine Ohren bewegten sich ständig vor und zurück in Erwartung meiner Befehle. Ich mußte ihn nie am Kopf zerren; ich zog einfach am Zaum und hielt die Zügel straff. Wenn er loslaufen sollte, brauchte ich nur meine Knie etwas fester an seinen Bauch zu drücken, dann schoß er wie der Blitz davon.

Augie lief im leichten Galopp sicher auf das erste Hindernis zu, flog rasch hinüber und erwartete dann meine Anweisung für den nächsten Sprung. Er schnellte über den zweiten Zaun, über den dritten, den vierten und fünften, ja, er kämpfte sich durch ein kompliziertes Labyrinth von Zäunen. Fast nie scheute er in der letzten Sekunde vor einem Hindernis zurück. Wenn wir dann aufhörten, war Augie schweißbedeckt, und wenn ich ihm dann auf die Schulter klopfte, hatte ich das Gefühl, daß er mit seinen Leistungen genauso zufrieden war wie ich.

Für einen schwierigen Parcours braucht man ein Pferd, das seinem Reiter vertraut und gehorcht. Wenn ein Zaun übersprungen werden soll, muß der Reiter das Pferd hochziehen, damit es nicht ermüdet und auf das nächste Hindernis zutraben kann. Wenn das Pferd nicht gehorcht, sind beide in Gefahr! Kurz vor dem Zaun beginnt das Pferd, sein Gewicht zu verlagern, dann muß der Reiter genau wissen, in welchem Augenblick er die Zügel lockern und den Kopf des Pferdes freigeben muß, damit es sauber springen kann. In diesem Punkt muß sich das Pferd auf seinen Reiter verlassen. Der Sprung ist weder für das Pferd noch für den Reiter eine Einzelleistung, er erfordert eine echte Zusammenarbeit. Diese Voraussetzung war bei Augie und mir gegeben. Ich wußte, daß er mir völlig und ganz vertraute. Er gehorchte mir bereitwillig und ohne Zögern. Es war ihm eine große Freude, meinen Willen zu tun, gleichgültig, ob er die Abfolge der vor uns liegenden Sprünge kannte oder nicht. Wie schwierig die Hochweitsprünge oder Hochsprünge auch waren – das schien ihn nicht zu bekümmern. Er sprang einfach gern. Und weil er meinem Urteilsvermögen vertraute, folgte er auch gern meinem Willen.

Uns Menschen kommt der Pfad des Lebens, den wir zu gehen haben, oft wie ein verworrenes Labyrinth mit schwierigen und schmerzhaften Hindernissen vor, mit Hürden, die wir zu nehmen haben.

Je verwirrender der Parcours ist und je größere Disziplin gefordert wird, um so mehr sind wir versucht, an der Weisheit unseres „Reiters" zu zweifeln. Wir wollen nicht gehorchen und möchten uns am liebsten vor dem Rennen drücken.

Der Apostel Petrus wußte etwas davon, als er seinen ersten Brief schrieb. Seine Leser lebten unter der Regierung des wahnsinnigen Kaisers Nero. Täglich drohte ihnen ein qualvoller Tod. Natürlich versicherte ihnen Petrus, daß im Himmel eine große Belohnung auf sie warte. Aber wie sollten sie sich bis dahin verhalten? Was sollten sie *jetzt*, angesichts der vor ihnen liegenden schwierigen und unüberschaubaren Strecke, tun? Petrus gab ihnen folgenden Rat: „So müssen denn die, welche nach Gottes Willen leiden, dem treuen Schöpfer ihre Seelen anbefehlen und dabei tun, was recht ist" (1. Petrus 4,19).

Unsere Seelen einem treuen Schöpfer anbefehlen – das heißt, Gott zu *vertrauen*. Gutes tun – das heißt, ihm *gehorchen*. Vielleicht kennen Sie das alte Lied „Wenn wir wandeln im Herrn", wo es im Refrain heißt: „Folgen und trau'n wird zum Siegen und Schau'n". Das ist die beste Zusammenfassung der Worte des Petrus. Diese Haltung erwartet Gott von uns, wenn die Hürden schwierig sind und uns der Parcours unverständlich erscheint.

Augies Gehorsam hing in keiner Weise davon ab, ob ihm der Parcours zusagte. Er wußte ja gar nicht, was ihn erwartete. Aber er kannte mich. Und darauf allein kam es an. Jahrelang hatte ich ihn gefüttert, gebürstet, vor Kälte geschützt und mit ihm geübt. Wir hatten mit der Zeit ein gutes Verhältnis zueinander bekommen, und ich hatte meine Vertrauenswürdigkeit immer wieder bewiesen. So hatte Augie ein solches Zutrauen zu mir, daß er alles tat, um was ich ihn bat.

Ein solches Vertrauensverhältnis bestand auch damals bei dem Stallbrand zwischen uns und unseren Pferden, und das war ausschlaggebend dafür, daß ihr Leben gerettet werden konnte. Als wir das Feuer sahen, war unser erster Gedanke, die Pferde in Sicherheit zu bringen. Da ein sonst ruhiges Pferd durch Feuer in Panik geraten kann, legten wir Decken über ihre Augen, bevor wir sie an den lodernden Flammen vorbei aus dem Stall in Sicherheit brachten. Das muß eine furchtbare Qual für ein Pferd sein. Wenn es soviel Lärm und Aufregung um sich herum verspürt und der fremdartige Geruch des Rauchs in seine Nüstern dringt, sollte man doch meinen, daß es gerade dann alle seine Sinne gebrauchen und sein ganzes Können einsetzen möchte. Doch diese Menschen hier verdeckten ihm die Augen mit einer Decke, die eigentlich auf seinen Rücken gehörte; und es sollte ihnen folgen, während es nicht einmal sehen konnte. Wenn das Pferd, um mit C.S. Lewis zu sprechen, „ein Theologe wäre, gäbe ihm der ganze Vorgang Anlaß, die 'Güte' der

97

Menschen in Zweifel zu ziehen". Doch zum Glück sind unsere Pferde keine Theologen, sondern Pferde. In dieser Verwirrung konnten sie sich nicht zurechtfinden, aber sie vertrauten uns, daß wir uns um sie kümmerten, wie wir es immer getan hatten. Sie rebellierten nicht, stellten nicht unsere Weisheit oder Autorität in Frage, und so konnten wir ihr Leben retten.

Wie sehr unterscheiden wir uns doch von diesen einfachen Tieren! Sie haben ein unerschütterliches Vertrauen zu ihren Herren, die doch nur einfache Menschen sind. Wir aber vertrauen nicht dem großen Gott, dem es gefallen hat, uns so teuer zu erkaufen. „Ein Ochse kennt seinen Besitzer, und ein Esel die Krippe seines Herrn; Israel hat keine Erkenntnis, mein Volk hat kein Verständnis", wundert sich der Herr in Jesaja 1,3. Woher rührt dieser unverständliche Mangel an Glauben? Wir machen uns nicht klar, wie viel Gott schon getan hat, um uns seine Treue zu beweisen. Wir kennen Gott in Wirklichkeit gar nicht, wissen nicht, wer und wie er ist. Für die Männer und Frauen der Bibel war das Wesen Gottes der Felsengrund, auf dem ihr Glaube ruhen konnte. „Dies will ich mir zu Herzen nehmen, darum will ich hoffen ... " erinnerte sich Jeremia mitten in den Schrecken und Wirrnissen des babylonischen Einfalls in Israel. „Gnadenbeweise des Herrn sind's, daß wir nicht gänzlich aufgerieben wurden, denn seine Barmherzigkeit ist nicht zu Ende; sie ist alle Morgen neu, und deine Treue ist groß! Der Herr ist mein Teil, spricht meine Seele; darum will ich auf ihn hoffen" (Klagelieder 3,21-25). Jeremia glaubte lieber an das, was er aus der Bibel und aus der Geschichte über Gott wußte, anstatt sich auf sein eigenes Urteilsvermögen zu verlassen. Auch der Apostel Paulus war in Prüfungen zuversichtlich. Doch er behauptete nie: „Ich weiß, warum mir das jetzt geschieht." Nein, er vertraute, weil er sagen konnte: „Ich weiß, wem ich geglaubt habe" (2. Timotheus 1,12). Er hatte seine Hoffnung auf den Gott gesetzt, der in seiner Kraft die Sonne, den Mond und die Sterne auf ihre Bahnen geschickt hat; der in seiner unendlichen Weisheit das Meer ausgebreitet, Raum und Zeit erdacht, die Berge gegründet, den Lauf der Flüsse bestimmt und Regen und Hagel gemacht hat. Er ist auch der Schöpfer unseres Lebens. Doch die höchste Offenbarung dieses wunderbaren Gottes – seiner Natur, seines Wesens – fand statt, als er seine göttliche Herrlichkeit aufgab, Knechtsgestalt annahm und für uns den Märtyrertod starb. So sah es Paulus: „Welcher sogar seines eigenen Sohnes nicht verschont, sondern ihn für uns alle dahingegeben hat, wie sollte er uns mit ihm nicht auch alles schenken" (Römer 8,32).

Durch diese Tat seiner Liebe hat Gott seine Absichten gewiß hinreichend bewiesen! Wenn er also über unsere Augen die Decke eines begrenzten Verständnisses wirft, sollten wir uns im Zweifelsfall für ihn entscheiden, um es mild auszudrücken. Er ist unseres Vertrauens würdig.

Was ist Vertrauen?

Wenn ich davon spreche, daß wir in unseren Krisen- und Leidenszeiten Gott unser Vertrauen schenken sollen, meine ich damit keine Gefühle. Wenn ich Gott vertraue, muß ich nicht unbedingt vertrauensvolle Gefühle haben. Vertrauen ist eine Willensentscheidung. Ich vertraue Gott, *indem ich mich selbst dazu überrede, nach dem zu handeln, was ich verstandesgemäß als wahr erkannt habe, selbst wenn ich nicht das Gefühl habe, daß es wahr sei.*

In den ersten Monaten nach meinem Unfall schienen mir die Verheißungen Gottes alles andere als wahr zu sein. In meiner Vorstellungswelt erschien mir sein Handeln völlig unverständlich. Wie sollte diese verrückte Lähmung mir zum Guten dienen? Meine Lage erschien mir so trostlos wie die grauen Krankenhauswände, die mich umgaben. Selbst als ich entlassen wurde, erschien es mir unmöglich zu sein, dem Herrn zu vertrauen. Wie sollte ich glauben können, wenn mein innerer und äußerer Zustand so offensichtlich dagegen sprach? Die Antwort bekam ich an einem jener langen, gemütlichen Abende, die Steve, Diana und ich im Wohnzimmer meiner Eltern vor dem Kamin verbrachten, während wir uns über geistliche Dinge unterhielten. Steve hatte seine Bibel dabei und erklärte einen Abschnitt, den er in dieser Woche gerade durchgearbeitet hatte. Er schlug das zwanzigste Kapitel des Johannesevangeliums auf und fing an vorzulesen, wie sich die Jünger am Tage nach der Beerdigung Jesu aus Furcht vor den Juden hinter verschlossenen Türen verbargen. Plötzlich stand Jesus mitten im Raum und überzeugte die erstaunten Männer, daß er wirklich auferstanden war.

Aus irgendeinem Grund war Thomas nicht dabei, als das passierte, und als er später zurückkam, schenkte er dem begeisterten Bericht seiner Brüder keinen Glauben. Er beteuerte: „Solange ich nicht in seinen Händen und in seiner Seite die Wundmale sehe, werde ich es *nicht* glauben."

Eine Woche später erschien Jesus in demselben Haus noch einmal der kleinen, verängstigten Schar – wieder durch die verschlossene Tür –. Nur diesmal war Thomas dabei. Jesus trat auf ihn zu: „Reiche deinen Finger her und sieh meine Hände, und reiche deine Hand her und lege sie in meine Seite, und sei nicht ungläubig, sondern gläubig."

Als der verblüffte Jünger die unbestreitbaren Tatsachen sah, konnte er nur anbetend niederfallen und stammeln: „Mein Herr und mein Gott!"

Steve lehnte sich etwas weiter vor, um seinen Worten mehr Gewicht zu verleihen. Dann las er langsam von Vers neunundzwanzig an, wobei er sich direkt an mich wandte: „Jesus spricht zu ihm: „Weil du mich gesehen hast, Thomas, so glaubst du; selig sind, die nicht sehen und doch glauben!"

Dieser Vers traf mich wie ein Keulenschlag. Jesus wollte, daß ich seinen Worten glaubte, ohne einen greifbaren und sichtbaren Beweis zu haben. Natürlich könnte er sichtbar in meinem Zimmer erscheinen. Dann wäre der Glaube so einfach. Aber er wollte, daß ich ihn beim Wort nahm. War es mir nicht auch lieb, wenn man mir aufs Wort glaubte? Nehmen wir an, beim Einkauf im Dorf fehlten mir ein paar Groschen. Dann wäre es doch nett, wenn mich der Kaufmann mit den Worten gehen ließe: „Bezahlen Sie beim nächsten Mal. Ich hab Vertrauen zu Ihnen!" Kann Jesus nicht erwarten, daß wir uns ihm gegenüber ebenso verhalten?

Es kostete mich einige Anstrengung, doch wenn ich von dieser Zeit an Zweifel hatte, erinnerte ich mich an die Stellen in der Bibel, die uns zeigen, daß Gott unseres Vertrauens würdig ist. Und das muß ich auch jetzt noch manchmal tun. Ob ich etwas fühle oder nicht, ich halte mich an die Worte Jesu, daß ich im Himmel belohnt werde, nicht weil ich gesehen und geglaubt habe, sondern weil ich geglaubt habe, obwohl ich nichts sah und nichts fühlte. Wenn wir Gott bei seinem Wort nehmen, ohne uns auf das Sichtbare zu verlassen, geben wir ihm die Ehre und erlangen seine Anerkennung in einer Weise, wie sie den zwölf Jüngern nicht vergönnt war.

Gott gehorchen

Wenn Gott zuläßt, daß wir leiden, sind wir manchmal geneigt, gerade unsere Prüfungen als eine Entschuldigung für unsere Sünden zu nehmen. Wir meinen, wir hätten Gott einen Gefallen getan, indem wir eine solche Not ertrugen, und so hätten wir „einen freien Tag" verdient, an dem wir tun könnten, was uns paßt. Gegen diese Versuchung muß ich immer wieder ankämpfen.

An einem schönen Frühlingstag sitze ich draußen auf unserer Veranda, und plötzlich werde ich mir meiner Behinderung neu bewußt. Wie verlockend erscheint es mir dann, mich für kurze Zeit wollüstigen Phantasien oder bitteren Gedanken hinzugeben und mich selbst zu bemitleiden. Das ist so leicht zu rechtfertigen. „Muß ich nicht schon allein durch meine Lähmung mehr aufgeben als viele andere

Christen?" rede ich mir dann ein. „Gibt mir mein Rollstuhl nicht das Recht, mich ab und zu ein wenig gehen zu lassen?"

Wenn solche Gedanken in uns aufsteigen, sollten wir uns hinsetzen und unsere faulen Ausreden im Licht der Bibel untersuchen. Dann werden sie eine nach der anderen verschwinden. Ich habe in der Bibel mindestens drei gute Gründe dafür gefunden, weshalb mir mein Leiden keine Entschuldigung für das Sündigen gibt.

Erstens hat Gott verheißen, daß er mir und jedem anderen Christen den Wunsch und die Kraft geben wird, das zu tun, was recht ist – und zwar unabhängig von den äußeren Umständen! Ich meinte immer, meine Prüfungen wären eine Ausnahme; er könnte von mir nicht das erwarten, was er von anderen erwartet, weil mein Fall doch etwas ganz anderes wäre. Aber 1. Korinther 10,13 sagte mir: „Es hat euch bisher nur menschliche Versuchung betroffen . . ."

Als ich im Krankenhaus lag, meinte ich, Gott ließe mich mehr durchmachen, als ich ertragen konnte. Aber weiter las ich in 1. Korinther 10,13: „. . . Gott aber ist treu; der wird euch nicht über euer Vermögen versucht werden lassen."

Wenn manchmal sinnliche Begierden und Bitterkeit in mein Herz kommen wollten, dachte ich: Diesmal gibt es keine Möglichkeit, dem Groll entgegenzutreten und die Versuchung zu überwinden. Aber wiederum sagte mir 1. Korinther 10,13: „Gott wird zugleich mit der Versuchung auch den Ausgang schaffen, daß ihr sie ertragen könnt."

Nun, entweder hatte Gottes Wort recht oder ich. Als ich vor dieser Entscheidung stand, wußte ich, daß ich Gott doch nicht einen Lügner nennen konnte. Wenn ich also in meinem Leiden sündige, liegt es nicht daran, daß ich muß, sondern daß ich will. Gott gibt mir die Gnade, ein Leben im Rollstuhl zu führen, die er Ihnen nicht gibt, wenn Sie gehen können. Doch Ihnen gibt er die Gnade, den Tod des Ehemannes, den Verlust Ihres Gehörs, Ihre Armut oder sonst etwas Schweres ertragen zu können. Jeder von uns muß die Gnade in Anspruch nehmen, die Gott ihm gibt, und unter seiner persönlichen Last ausharren.

Da ich nun wußte, daß ich gehorchen *konnte,* erhob sich die Frage, ob ich es *wollte.* Daraufhin machte ich mir Gedanken, was es bedeutet, wenn Jesus Christus der Herr über mein Leben ist. Dabei fand ich den zweiten Grund, warum ich keine Entschuldigung für die Sünde habe. *Wer in die Nachfolge Jesu Christi treten will, den läßt Gott nicht im unklaren darüber, daß er der Herr ist und daß die Nachfolge für uns Menschen echte Nöte mit sich bringt.* In diesem „Vertrag" gibt es nichts Kleingedrucktes. Von vornherein sagt uns sein Wort klar, was uns erwartet: „Will jemand mir nachfolgen, so verleugne er sich selbst und nehme sein Kreuz auf sich und folge mir nach" (Matthäus 16,24). Das sagte Jesus. Oder „Wer seine Hand an den Pflug legt und zurückblickt, ist nicht geschickt zum Reiche Gottes!" (Lukas 9,62).

Außerdem ist es unsinnig, im Leiden einen Anlaß zum Sündigen zu sehen, wenn doch *der Sinn des Leidens gerade darin besteht, uns vom Sündigen abzuhalten und uns Jesus Christus ähnlicher zu machen.* Petrus sagte: „Da nun Christus am Fleische gelitten hat, so wappnet auch ihr euch mit derselben Gesinnung; denn wer am Fleische gelitten hat, der hat mit den Sünden abgeschlossen, um die noch verbleibende Zeit im Fleische nicht mehr den Lüsten der Menschen, sondern dem Willen Gottes zu leben" (1. Petrus 4,1-2). Während meines Krankenhausaufenthalts bin ich vielen Menschen begegnet, die Gott ihre Zeit nicht zur Verfügung gestellt hätten, wenn sie gesund gewesen wären. Aber eine kräftige Dusche eiskalten Leidens hat sie aus ihrem geistlichen Schlaf aufgeweckt. Wie dumm wäre es also, etwas, das uns aufwecken soll, als Entschuldigung dafür zu nehmen, geistlich einzuschlummern.

Aber die Bibel entkräftete nicht nur meine Argumente, mit denen ich meinen Ungehorsam gegen Gott rechtfertigen wollte. Sie gab mir auch manchen Anreiz zum Gehorsam – wie beispielsweise die Freude. Was gibt es Schöneres, als ein reines Gewissen zu haben und zu wissen, daß man sich seine eigenen Schwierigkeiten nicht selbst eingebrockt hat? Und selbst wenn die Schwierigkeiten selbstverschuldet sind – indem wir wieder anfangen zu gehorchen, haben wir dazu beigetragen, daß die Rute der Züchtigung von uns genommen werden kann. Vor allem wissen wir: „Selig ist der Mann, der die Anfechtung erduldet; denn nachdem er sich bewährt hat, wird er die Krone des Lebens empfangen" (Jakobus 1,12).

Noch ein letzter Gedanke. Während unserer Leiden wird uns kaum etwas schwerer fallen, als die anderen Menschen, gemäß dem Gebot Gottes, zu lieben. Unser eigener Kummer, unsere Nöte und Schmerzen beanspruchen unsere ungeteilte Aufmerksamkeit. Doch wenn wir nachgeben, schaden wir uns nur selbst; denn oft wird die Heilung erst dann eintreten, wenn wir unsere Gedanken von uns selbst abwenden und uns um die Sorgen und Interessen der anderen kümmern.

Neulich nahm ich an der Hochzeitsfeier meiner Freundin Sheryl teil. Ich fühlte mich gar nicht gut. Mein Rücken tat weh, mein Korsett war zu eng, und diese beiden Beschwerden verursachten rasende Kopfschmerzen. Außerdem muß ich gestehen, daß mir auch mein Gewissen keine Ruhe ließ. Ich wurde ständig an einige Worte erinnert, die ich zu einem meiner Angehörigen am Morgen gesagt hatte, obwohl ich diese Dinge Gott bereits bekannt hatte. Es bedeutete mir auch keine große Hilfe, in all die lächelnden Gesichter um mich herum sehen zu müssen. „Ach, ich sollte mich doch heute freuen. Schließlich ist Sheryl eine meiner besten Freundinnen, und heute ist ihr großer Tag!" sagte ich mir. Ich gab mir alle Mühe, wenigstens ein höfliches Lächeln aufzusetzen, und hoffte, daß mich niemand in ein Gespräch verwickeln würde.

Als ich so vor mich hinstierte, sah ich Pop Bond, Sheryls zukünftigen Schwiegervater, doch ohne ihn richtig zu beachten. Das Geplauder der jungen Mädchen interessierte ihn nicht. Er ging um die Schachteln und Geschenke herum und schoß aus allen möglichen Winkeln seine Photos. Aber als er seine Kamera auf mich richtete, wehrte ich ab: „Ach nein, bitte nicht mich!" „Warum nicht?" sagte er lächelnd, während er auf mich zuging. „Du siehst heute sehr hübsch aus." „Ich fühle mich aber ziemlich elend."

„Das ist kein Grund. Diese Kamera sorgt dafür, daß man auch an einem schlechten Tag großartig aussieht," scherzte er und nahm auf dem Klappstuhl neben mir Platz. „Hier, schau dir mal dieses neue Objektiv an, das ich vor kurzem gekauft habe."

Mit diesen Worten öffnete er seine Ledertasche und fing an, seine vielen Photozubehörteile stolz vor mir auszubreiten und zu erklären. „Guck mal, das ist eine neue Zweihundertstel-Millimeter-Gummilinse. Sie ermöglicht es, daß man mit einer Hand scharf einstellen und auslösen kann." Ich muß zugeben, was er mir da von seiner Photoausrüstung erzählte, interessierte mich nicht im geringsten. Doch ich hörte diesem weißhaarigen Herrn mit den lebhaften blauen Augen weiter zu. Er erzählte mir, wie sehr er sich über seine Dunkelkammer im Keller freue. Voller Stolz berichtete er von den Preisen, die er mit seinen Bildern in lokalen Wettbewerben gewonnen habe. „Hm", nickte ich beiläufig. Es war mir immer noch ziemlich gleichgültig, was er berichtete. Aber als er dann von einem Ausflug erzählte, den er vor kurzem zu einer Pferdefarm unternommen hatte, horchte ich auf. Er hatte dort einige Zuchtställe und Brunnenhäuschen photographiert. Einige Wochen später war er wieder zur Farm gefahren, um dem Verwalter einige dieser Photos zu geben. Dieser Mann geht ganz auf in seinem Hobby, dachte ich. Er erzählte weiter: „Meine Aufnahmen gefielen dem Verwalter so sehr, daß er mich bat, wiederzukommen und die Zuchthengste zu photographieren", sagte er freudestrahlend. „Nun mal Spaß beiseite!" Langsam taute ich auf.

„Wie wollen Sie feurige Vollblüter dazu bewegen, für eine Aufnahme still zu stehen?"

„Ja, es war gar nicht so einfach", lachte er und hob den Zeigefinger. Aber wir haben uns alle zusammengetan und ... "

Bald merkte ich, daß mich sein Bericht wirklich fesselte. „Also, Herr Bond", sagte ich lächelnd, „Sie müssen bald auf unsere Farm kommen. Bringen Sie nur Ihre Photoapparate mit, wir werden uns dann einen schönen Tag machen."

Als die Feier vorbei war, hatte ich entdeckt, wie sehr ich mich in Wirklichkeit für diesen lieben alten Herrn und sein Hobby interessierte. Darüber hinaus hatte ich meine Wehwehchen und meine Gewissensbisse vergessen. Es war für mich heilsam gewesen, ihm meine Aufmerksamkeit zu widmen.

Wenn Gott uns auffordert, in unseren Prüfungen andere wichtiger zu nehmen als uns selbst, weiß er, was er sagt. Er weiß, daß wir es nicht bereuen werden. „Gebet, so wird euch gegeben werden; ein gutes, vollgedrücktes, gerütteltes und überfließendes Maß wird man euch in den Schoß geben. Denn mit eben diesem Maße, mit welchem ihr messet, wird euch wieder gemessen werden" (Lukas 6,38).

9

GETEILTES LEID IST HALBES LEID –
GETEILTE FREUDE IST DOPPELTE FREUDE

Als ich an jenem heißen Julinachmittag im Jahre
1967 mit meinen nackten Füßen am Rand des Flo-
ßes stand, um mit einem Kopfsprung ins Wasser zu
springen, kam ich nicht auf den Gedanken, daß die
trübe Chesapeake Bay an dieser Stelle sehr flach
war. Ich hätte es besser wissen müssen, hätte nach-
prüfen sollen, wie tief das Wasser war. Aber dieses
trügerische Wasser lockte mich in die Falle, in der
ich mir einen Halswirbelbruch zuzog, so daß ich für
den Rest meines Lebens weder Hände noch Füße
bewegen kann.

Jedem Leidenden droht eine trügerische Falle.
Zwar nicht ein trübes Gewässer, sondern eine falsche Einstellung. Ich spreche von der Versuchung,
uns mit anderen zu vergleichen, die es scheinbar
leichter haben als wir. Wenn wir nicht aufpassen
und in diesen gefährlichen Gemütszustand hineingeraten, werden wir in ein Netz des Selbstmitleids
verstrickt, das uns die Freude raubt und Gott Uneh-
re bereitet.

In den ersten Jahren nach meinem Unfall war ich
in diesem Netz gefangen. Das kam besonders zum
Vorschein, wenn ich mit meiner Freundin Sheryl
Kleider kaufen ging. Sheryl standen die Sachen im-

mer so gut. Dagegen schienen sie mir meist wie ein Sack am Körper herabzuhängen. Wenn ich ihr zuschaute, wie sie ein Modellkleid anprobierte, wurde ich blaß vor Neid; doch das habe ich ihr nie gesagt. „Was meinst du, Joni?" Sie wollte wissen, was ich über einen Hosenanzug dachte, den wir ins Auge gefaßt hatten. Sie drehte sich hin und her, um ihr Spiegelbild aus jedem möglichen Winkel zu betrachten. „Sieht großartig aus, Sheryl", antwortete ich dann in einem möglichst interessierten Ton, um meinen Neid zu verbergen. Doch in meinem Innern brannte es. Wenn sie mich dann zum Spiegel rollte, damit ich dasselbe Stück anprobieren könnte, dachte ich nur: O Gott, wieso kann ich nicht so aussehen wie sie? Ich kann mich nicht einmal mit Schaufensterpuppen vergleichen – ihnen stehen die Kleider vorzüglich. Sie müssen ja auch nicht im Rollstuhl sitzen!

Während jener Zeit fing ich gerade an, in meinem geistlichen Leben Fortschritte zu machen. Mein Hunger nach geistlicher Nahrung trieb mich dazu, viel in der Bibel zu lesen. An einem Bissen mußte ich eines Tages ziemlich lange kauen – zuerst wollte es gar nicht schmecken, aber später, als ich im Glauben wuchs, lernte ich es schätzen. Ich bekam meine Mahlzeit aus dem 21. Kapitel des Johannes-Evangeliums serviert, wo Petrus offenbar dasselbe Problem hatte wie ich. Einem seiner Freunde sollte anscheinend ein besseres Los beschieden sein als ihm! Jesus hatte Petrus gerade angekündigt, daß er einst den Märtyrertod sterben werde, doch über Johannes hatte er kein Wort gesagt. Vielleicht regte sich die Eifersucht in Petrus'

Herzen. Hatte Johannes nicht auch schon beim Abendmahl ganz nahe bei Jesus gesessen, und schien er nicht ein ganz besonders vertrauter Freund des Meisters zu sein? Würde der Herr Johannes einen interessanten Dienst zuteilen und ihn im hohen Alter eines natürlichen Todes sterben lassen? Das war zuviel für Petrus; er konnte seine Zunge nicht mehr im Zaum halten. „Was ist aber mit ihm?" so mag er Jesus in bezug auf Johannes gefragt haben. „Wie wird seine Zukunft aussehen?"

Die Antwort Jesu erschütterte mich. Ich hätte zumindest etwas anderes erwartet. Etwa: „Mach dir keine Sorgen, Petrus. Ich werde dir in jeder Lage beistehen. Es wird alles gut werden." Aber so lautete die Antwort Jesu nicht. Man könnte sie eher folgendermaßen umschreiben: „Sieh, wenn es mein Wille ist, daß Johannes am Leben bleibt, bis ich komme, was geht es dich an? Was ich für Johannes geplant habe, ist nicht deine Sache. Sorge nur dafür, daß dein eigenes Herz und Leben in Ordnung ist. Hör also auf zu murren und folge mir nach!"

Das klingt zunächst ja ziemlich hart. Aber als ich darüber nachdachte, merkte ich allmählich, daß Jesus mit Recht so streng war. Zunächst hat Selbstmitleid noch nie jemandem geholfen. Es führt immer nur tiefer in die Not hinein. Ganz gewiß ist es auch in Gottes Augen nicht gut. Können Sie sich vorstellen, was für ein schlechter Prediger Petrus gewesen wäre, wenn er vor jeder Predigt vor Angst geweint hätte, weil die Leute vielleicht diesmal durch seine Predigt so sehr aufgebracht werden könnten, daß sie ihn töteten? Überdies bezweifelte Petrus, daß Gottes Plan für ihn gut sei, wenn er seine Lage mit

der des Johannes verglich. Deshalb bat er Gott, ihnen „gleiche Rechte" zu geben. Und das ist Sünde.
„Ohne Glauben aber ist es unmöglich, ihm wohlzu-
gefallen; denn wer zu Gott kommen soll, muß glauben, daß er ist und die, welche ihn suchen, belohn-
nen wird" (Hebräer 11,6). Wenn wir Gottes gute
Absichten in Zweifel ziehen, könnten wir auch singen: „Jesus haßt mich ganz gewiß, denn mein Un-
glaub' sagt mir dies."

Außerdem: Es mag den Anschein haben, als ob
Gott ungerecht wäre und uns ein besonders schweres Kreuz zu tragen gäbe – aber wissen wir denn,
was unser Nachbar durchzumachen hat? Ich gräme
mich vielleicht wegen meines gebrochenen Genicks
und beneide meinen gesunden Nachbarn. Dabei
weiß ich nicht, daß er innerlich zerbrochen ist. Petrus konnte sich wahrscheinlch nicht vorstellen, daß
Johannes in seinem hohen Alter jahrelang in einem
Inselgefängnis schmachten mußte, wo er die Offenbarung empfing. Da sollte Johannes dann mit sehn-
süchtiger Erwartung die zukünftigen Herrlichkeiten
des Himmels schauen, unter anderem auch, welche
Ehre den Märtyrern (darunter auch Petrus!) am
Thron Gottes zuteil wurde. Dabei mag er wohl den
Wunsch verspürt haben, daß Gott in seiner Gnade
doch auch sein Leben verkürzen möchte.

Da wir nie genau wissen, wieviel ein anderer
Mensch leidet oder gelitten hat, oder warum er ge-
züchtigt werden muß, oder welche Eigenschaften
die Heimsuchungen in seinem Leben bewirken oder
ausmerzen sollen, können wir nicht einfach sagen,
welche Prüfungen oder wie viele ein jeder durchmachen sollte. Aber wenn auch wir es nicht genau wis-

oni mit Billy Graham bei einem seiner Feldzüge 1977.

Joni, Kathy und Jay.

Toni bei der Arbeit an einer ihrer neuesten Zeichnungen.

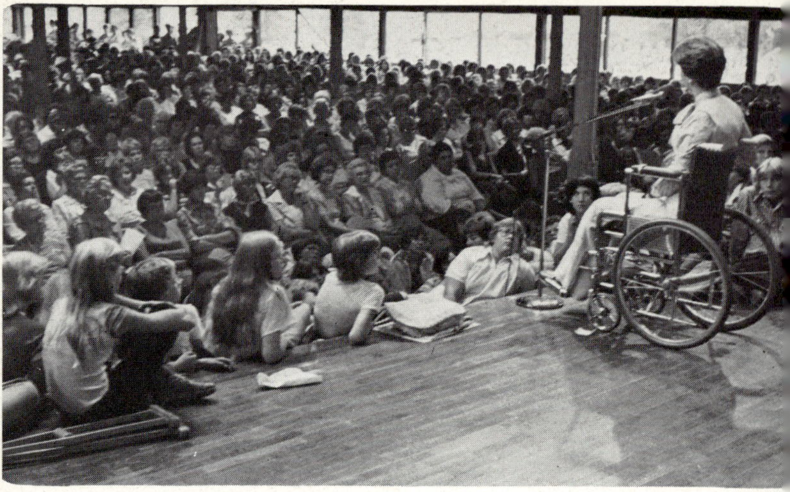

Joni spricht bei einer großen Konferenz.

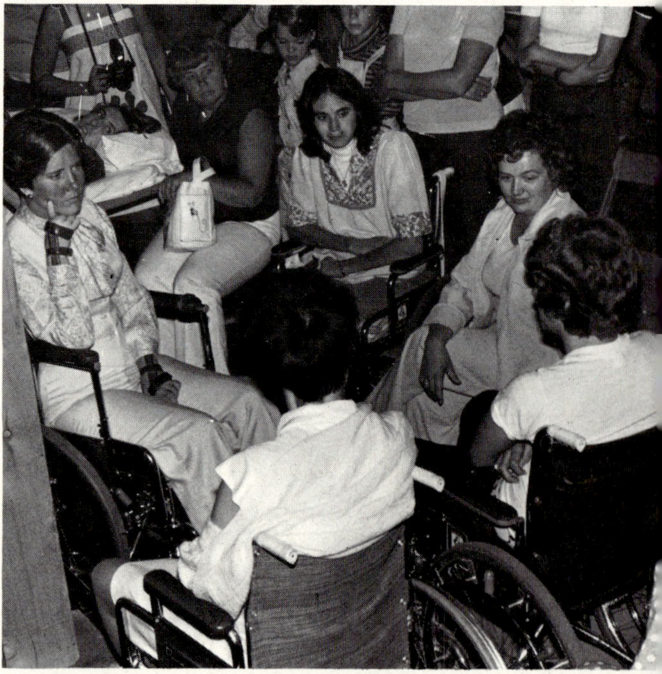

Im Gespräch mit Behinderten.

Joni am Schreibtisch
in ihrem Arbeitszimmer

Joni und Steve Estes bei der Arbeit an dem Buch »Der nächste Schritt«.

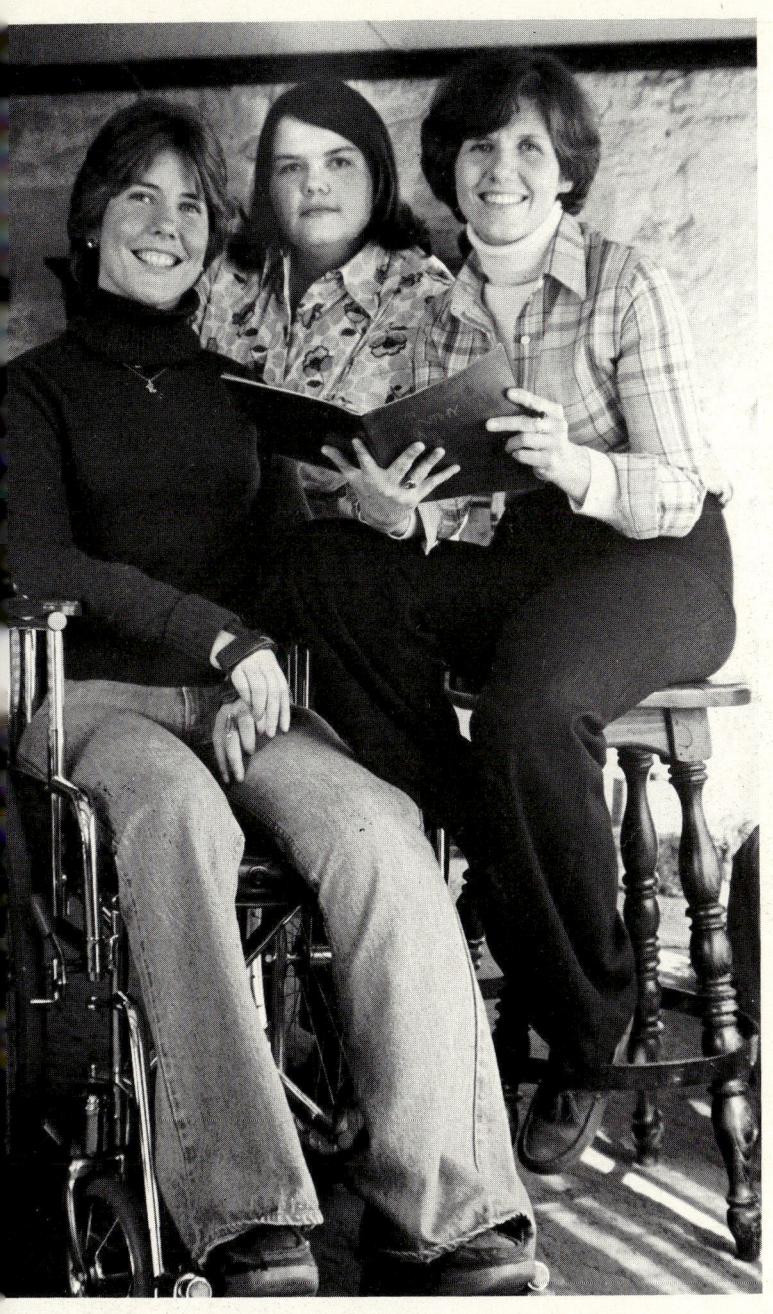

...na Mood (Jonis Partnerin in ihren geschäftlichen Angelegenheiten) und
...sy Sandbower (rechts) helfen Joni, ihre Reisepläne aufzustellen.

Jonis Eltern, John und Lindy Eareckson.

sen, Gott weiß es. „Der aller Welt Richter ist, sollte der nicht recht richten?" (1.Mose 18, 25). Im Leben eines jeden von uns wirkt Gott in einer ganz besonderen Weise. Er wird uns genau die Gnade erzeigen, die nötig ist, um unser persönliches Kreuz zu tragen.

Ich freue mich, sagen zu können, daß Sheryl immer noch zu meinem engsten Freundeskreis gehört; nur der Neid ist nicht mehr da. Das habe ich den Worten zu verdanken, die Jesus Christus zu Petrus sprach. Wenn wir eine schwere Prüfung durchmachen müssen und Gott würde allen unseren Freunden gleichzeitig dieselbe Last auferlegen – wäre das nicht schrecklich? Wer würde uns dann aufmuntern? Ist es nicht viel sinnvoller, die liebevolle Fürsorge unserer Freunde anzunehmen, anstatt sie zu beneiden, weil ihre Last leichter ist?

Gemeinschaft

Wenn wir leiden, sollten wir nie allein sein. Damit will ich nicht sagen, wir sollten keinen Augenblick für uns sein, oder nicht eine Wohnung für uns allein haben. Aber wir sollten nie eine Mauer um uns herum aufrichten, so daß niemand unser Leid sehen und mit uns leiden kann. Es war nie Gottes Wille, daß wir die Last des Leidens allein tragen sollten. „Es ist besser, man sei zu zweien, als allein; denn der Arbeitslohn fällt um so besser aus. Denn wenn sie fallen, so hilft der eine dem anderen auf; wehe aber dem, der allein ist, wenn er fällt und kein zweiter da ist, um ihn aufzurichten" (Prediger 4,9-10).

Wenn Sie unverheiratet oder verwitwet sind, meinen Sie vielleicht, Sie hätten niemanden, dem Sie Ihre Sorgen anvertrauen könnten. Aber auch Sie haben eine Familie: die anderen Christen, die den Leib Jesu Christi darstellen. Diese Familie der Gläubigen, die Gemeinde, sollte eine ganz herzliche, brüderliche Gemeinschaft darstellen, wo jeder Hilfe und Nestwärme findet. Ich glaube – und das sagen mir auch meine verheirateten Freundinnen –, daß es sogar für einen Verheirateten falsch ist, sich ausschließlich auf die Gemeinschaft mit dem Ehepartner zu stützen. Gott hat die Gemeinde absichtlich so geplant, daß sie aus Jungen und Alten beiderlei Geschlechts und aus allen Gesellschaftskreisen besteht. Wir brauchen den Kontakt mit ihnen allen, wenn unsere innersten Bedürfnisse befriedigt werden sollen. Ich könnte ohne die Gemeinschaft und Fürsorge meiner Freunde in der Gemeinde gar nicht auskommen. Und ich habe Freunde in allen Altersstufen.

Wie traurig ist es, wenn Gemeindeleiter oder Pastoren meinen, sie könnten ihre Prüfungen ihren Gemeindegliedern, die unter ihrer geistlichen Obhut stehen, nicht mitteilen. Zugegeben, niemand von uns kann *jedem alle* seine privaten Sorgen anvertrauen. Doch *irgend jemandem* müssen wir sie mitteilen. Und vielleicht sollte man manches der ganzen Gemeinde sagen. Jedenfalls sollte dies häufiger geschehen, als es im allgemeinen der Fall ist. Die Vorstellung, verantwortliche Christen, die eine leitende Funktion in der Gemeinde ausüben, müßten innerlich so stark sein, daß sie niemals ihre eigenen Schmerzen und Sorgen zugeben dürfen, stammt nicht aus der Bibel. Paulus rühmte sich offen seiner Schmerzen und Schwachheiten und bat oft um Fürbitte. Ein Gemeindeleiter, der seine „Schäfchen" nie an seinen Problemen teilnehmen läßt, lehrt sie durch sein Vorbild, ebenso zu handeln!

Aber wie ist es, wenn zwischen Ihnen und Ihren Geschwistern in der Gemeinde kein solches Vertrauensverhältnis besteht, wie Sie es sich wünschten? Dann müssen Sie etwas unternehmen. *Gemeinschaft wird gewöhnlich aufgebaut, man findet sie nicht einfach!* Als ich noch das Gymnasium besuchte, war mir meine Freundin Diana in dieser Beziehung ein großes Vorbild. Sie konnte es nicht leiden, wenn nur belangloses Zeug geredet wurde. Das heißt nicht, daß sie nicht gesellig und lustig sein konnte. Im Gegenteil! Aber sie hatte so eine Art, die Leute aus der Reserve zu locken, daß sie ihre Gedanken und Gefühle preisgaben. Ich denke, ihr Geheimnis bestand darin, daß sie ihren Gesprächspartnern wirklich zuhörte und ihnen persönliche Fragen stellte. An ihrem Gesichtsausdruck merkte man, daß sie wirklich interessiert war – ihr Blick schweifte nicht umher oder dergleichen.

Aber Diana hörte nicht nur zu. Sie nahm Anteil. Nun ist es gar nicht so ungefährlich, seine Gedanken, Ängste und Sorgen einem anderen Menschen anzuvertrauen. Man ist dadurch dem anderen preisgegeben. Aber ist dieses Ausgeliefertsein nicht ohnehin ein Hauptbestandteil der Liebe? Taktvoll und liebevoll drang Diana in die persönliche Sphäre ihrer Gesprächspartner ein. Sie zeigte uns, was Gemeinschaft wirklich ist. Sie konnte beispielsweise sagen: „Könnten wir nicht noch zusammen beten, bevor du weggehst?" Leidende Menschen brauchen so dringend tiefgründige Gespräche mit anderen Gläubigen. Sie sollten nicht ständig mit einem oberflächlichen Gerede abgespeist werden, wenn sie in Gemeinschaft anderer Christen sind. Davon bekommen sie draußen in der Welt genug.

Wenn Sie leiden, können Sie noch etwas tun, um die Gemeinschaft mit anderen Christen zu fördern. Sie können für sie beten.

Vor kurzem unternahm der Chor einer christlichen Hochschule in den Osterferien eine Tournee durch die Oststaaten der USA. Eines Abends gab er auch in einer Kirche in unserer Nähe ein Konzert. Nach der Veranstaltung wurden die Sänger zu zweit oder dritt verschiedenen Familien aus der Gemeinde zugeteilt, bei denen sie übernachten sollten. So kamen auch zwei Mädchen zu Herrn und Frau Estes, den Eltern meines Freundes Steve.

Als die vier im Wohnzimmer saßen, plauderten und Erfrischungen genossen, brachten Herr Estes und seine Frau in ihrer liebenswürdigen, taktvollen Art das Gespräch auf Jesus Christus. Sie fragten die jungen Mädchen, wie sie den Herrn gefunden hätten und was er in ihrem Leben getan habe. Zur Überraschung ihrer Gastgeber sahen sich die beiden Studentinnen ganz begeistert an. „Sie wissen ja gar nicht, wie froh ich bin, daß Sie diese Fragen gestellt haben", sagte die eine. Und dann begann sie, von sich zu erzählen. Es war noch kein Jahr her, daß sie zum Glauben an Jesus Christus gekommen war. Danach war sie natürlich um ihre Eltern besorgt. Sie wollte, daß sie auch so ein persönliches Verhältnis zu Jesus Christus bekämen wie sie selbst, doch die Eltern schienen kein Interesse daran zu haben. Woche um Woche versuchte sie erfolglos, ihren Papa zu überreden, mit ihr in die Versammlung zu gehen, bis er sich an einem Sonntagmorgen schließlich dazu bereit erklärte.

Der Gottesdienst schien ihm zu Herzen zu gehen. Die Leute waren freundlich, die Predigt war treffend – alles war wunderbar. Nachher sagte ihr Vater: „Ich muß sagen, der Gottesdienst heute hat mich wirklich angesprochen. Vielleicht werde ich mit der Zeit dieselbe Einstellung bekommen wie du. Aber dränge mich bitte nicht!" Innerlich strahlte das Mädchen vor Freude, dankte dem Herrn und nahm sich vor, dem Vater nichts aufzudrängen.

Die Familie stieg gerade ins Auto, als von der anderen Seite des Parkplatzes ein Herr herankam und ihrem Vater einen Gruß zurief. Es stellte sich heraus, daß dieser Mann einer der Gemeindeältesten war, den ihr Vater gelegentlich an seinem Arbeitsplatz getroffen hatte.

„Hallo, wie geht es Ihnen denn?" fragte der Älteste lächelnd und hielt ihrem Vater die Hand hin. „Schön, daß Sie hier sind. Ich sehe, Sie haben Frau und Kinder mitgebracht", sagte er, während er sich bückte und ihnen durch das Autofenster zunickte. Was er dann zu ihrem Vater sagte, ließ das Mädchen zusammenfahren. „Rufen Sie mich doch gelegentlich mal an. Dann gehen wir aus und trinken einen, okay? Aber jetzt muß ich gehen. Machen Sie's gut!" Er winkte noch, und weg war er.

Als sich der Vater ins Auto setzte, herrschte eine gespannte Atmosphäre.

„Weißt du", sagte er zu seiner Tochter, als sie

vom Parkplatz wegfuhren, „ich habe diese Leute hier für echt gehalten. Aber sie sind auch nicht anders als ich." Und damit verschloß er sein Herz für das Evangelium, kam nie wieder zum Gottesdienst und unterhielt sich auch mit seiner Tochter nie mehr über geistliche Dinge. Ja, ihre Familie war jetzt dem Glauben an Jesus gegenüber richtig feindlich eingestellt. Als die Tochter dieses Jahr mit einer Freundin die Osterferien im Ferienhaus der Familie verbringen wollte, hatte man sie höflich abgewiesen. „Und sehen Sie, Herr und Frau Estes, deshalb bin ich jetzt auf dieser Tournee, anstatt über die Feiertage daheim bei meinen Angehörigen zu sein", schloß sie ihren Bericht. Dann fügte sie noch hinzu: „Ich habe mich so sehr danach gesehnt, mit jemanden über meine Not sprechen zu können. Die Leute, bei denen ich in dieser Woche übernachtet habe, waren alle sehr nett, aber wir haben uns nur über das Wetter unterhalten. Deshalb haben meine Freundin und ich heute nachmittag gebetet, daß wir doch diesmal zu Menschen kämen, bei denen ich wirklich mein Herz ausschütten könnte und mit denen wir Gemeinschaft haben und zusammen beten könnten. Jetzt verstehen Sie sicher, weshalb wir uns so freuten, als Sie das Gespräch in diese Richtung lenkten."

Sie sehen, was geschieht, wenn wir Gott bitten, uns Gemeinschaft zu schenken, und wenn sich jemand bemüht, diese Gemeinschaft zu verwirklichen. Unser Leid mit anderen Christen teilen, ist eine wesentliche Hilfe für alle, die Schweres durchzumachen haben.

10

AUSHARREN!

Wir dürfen ruhig weinen

Als mein erstes Buch, JONI, 1976 in USA heraus-
kam, hatte ich nicht gedacht, daß Gott es für so viele Menschen zum Segen setzen würde, wie es dann
der Fall war. Ich wurde mit interessanter Post nur
so überschüttet – von einfachen Bestellungen meiner Kunstartikel über freundliche persönliche Briefe bis hin zu verzweifelten Hilferufen, die etwa so
lauteten:
„Liebe Joni,
Mein Neffe hat sich vor kurzem das Genick gebrochen und ist nun gelähmt. Er ist so niedergeschlagen und fragt ständig: „Warum?" Ich habe gedacht,
vielleicht könntest Du ihm ein Exemplar Deines
Buches, mit Deinem Autogramm versehen, zuschik-
ken. Meinst Du, Du könntest ihm auch ein paar
Tips geben, wie er mit dieser Not fertig werden
kann? Vielen Dank!"
Ich empfinde tiefes Mitleid mit solchen Menschen. Es ist äußerst niederdrückend, am Bett eines
geliebten Menschen stehen zu müssen, der leidet,
ohne helfen zu können. Wie gut wäre es, wenn man
ihm ein hilfreiches Buch geben oder ein ermutigen-
des Wort sagen könnte. Doch ich bin nicht so überzeugt, daß ein Buch oder ein Brief von mir – oder
jemand anderem – eine echte Hilfe bedeutet.

Zunächst einmal ist man gewöhnlich in der ersten Zeit nach einem schweren Erlebnis nicht bereit, sich etwas sagen zu lassen. Wenn ich daran zurückdenke, wie ich als Siebzehnjährige in den ersten Wochen nach meinem Unfall in meinem Sandwich-Bett lag, bin ich nicht so überzeugt, daß ich für ein Buch wie mein erstes aufgeschlossen gewesen wäre. Im Gegenteil, ein lächelnder Mensch in einem Rollstuhl, der auf alles und jedes eine Antwort parat hat, wäre wahrscheinlich das *letzte* gewesen, was ich mir gewünscht hätte. Zunächst hat es den Anschein, als würde jemand, der sich gerade ein Bein oder das Genick gebrochen oder erfahren hat, daß er unheilbar an Krebs erkrankt ist, verzweifelt nach einer Antwort auf seine Fragen suchen. „Warum mußte mir das geschehen?!" ruft er verzweifelt. Dann eilen wir hin und zählen fünf oder zehn biblische Gründe auf, warum ihn dieses Unglück getroffen hat. Doch in den meisten Fällen ist dieses „Warum?" gar nicht als eine richtige Frage gemeint. Es ist einfach ein Ausdruck der Gefühle des Kranken – manchmal sogar ein Vorwurf. Es ist nicht das aufrichtige „Warum?" eines suchenden Herzens, sondern das grollende „Warum?" einer geballten Faust.

Ein Mensch braucht *Zeit*, um sich dessen richtig bewußt zu werden, daß er nie wieder gehen kann, daß sein Krebs unheilbar ist oder was ihm sonst zugestoßen sein mag. Erst *nachdem* er sich ausgeweint hat und innerlich zur Ruhe gekommen ist, wird er bereit sein, aufrichtige Fragen zu stellen, und dann kann unser Rat hilfreich sein.

Ich denke, Steve war mir nicht zuletzt auch deshalb eine so große Hilfe, mit meiner Lähmung fertig zu werden, weil wir uns erst zwei volle Jahre nach meinem Unfall begegneten. Diese Zeit war lang genug für mich, um zu lernen, Fragen zu stellen und auf Antworten zu hören. Andere hatten schon vorher versucht, mir zu helfen, aber ich war einfach noch nicht dazu bereit gewesen. Noch aus einem anderen Grund würde ich jemandem, der erst vor kurzem einen schweren Unfall erlitten hat oder von einer schweren Krankheit befallen wurde, weder Bücher noch Bibelverse schicken. Er soll nicht denken, ich möchte damit sagen: „Hör auf zu weinen und hör dir mal diese Bibelstellen an! Dann wird es dir bald besser gehen!" Ich möchte nicht den Eindruck erwecken, als sollten wir die biblischen Aussagen über den Wert des Leidens zur Kenntnis nehmen, *anstatt* Kummer und Schmerz zu empfinden. Ich habe manches Mal gehört und gelesen, daß uns unser Kreuz und Leiden gar nicht mehr als solches vorkäme, wenn wir wirklich für alles dankten und unsere Trübsal im Licht des Wortes Gottes sähen. Aber diese unrealistische, unbekümmerte Einstellung ist nicht biblisch begründet. „Für alles Dank sagen" ist nicht dasselbe wie in jeder Lage ein himmelhoch jauchzendes Gefühl zu haben. Wir dürfen auch „zu Tode betrübt" sein.

Lassen Sie mich das an einem Beispiel erläutern. Im vergangenen Jahr ist der dreijährige Sohn meiner Freundin Jeanette an Krebs gestorben. Schon anderthalb Jahre vorher wußten die Eltern, daß der süße kleine Bradley – ein blonder, blauäugiger Junge – nicht lange leben würde. Als er starb, war ihr Kummer natürlich sehr groß. Aber in dieser ganzen qualvollen Zeit haben sie nie mit Gott gehadert. Sie liebten ihn und dienten ihm weiter und vertrauten völlig darauf, daß er für sie sorgte und wußte, was er tat.

Etwa zwei Wochen nach der Beerdigung ihres Kindes besuchte Jeanette eine Frauenbibelstunde in ihrer Gemeinde. Als sie danach mit einigen Frauen den Flur hinunterging, entdeckte sie einen kleinen Jungen, der auf den Zehenspitzen stehend versuchte, aus einem Trinkwasserhahn zu schlürfen. Dieser Anblick erinnerte sie sofort an ihren kleinen Jungen, der immer eine große Schau daraus gemacht hatte, wenn er die kleinen Stufen hinaufgeklettert war, um aus diesem Wasserhahn zu trinken. Sie fing an zu schluchzen.

Neben ihr ging eine ihrer besten Freundinnen. Sie fühlte, was in Jeanette vorging. Diese Freundin sagte kein Wort, sondern legte einfach den Arm um sie, drückte sie an sich und tröstete sie leise. Genau das war es, was Jeanette in diesem Augenblick brauchte.

Eine andere Frau, die Jeanette nicht kannte, sah sie auch weinen und wollte offensichtlich helfen. Sie ging auf meine Freundin zu, klopfte ihr auf die Schulter und sagte: „ Ich bete für Sie, meine Liebe. Preisen Sie den Herrn!"

Diese Worte trafen Jeanette bis ins Innerste. Später sagte sie mir, was sie in diesem Augenblick empfunden hatte: „Ich mußte wirklich Gott bitten, mir zu helfen, dieser Frau nicht böse zu sein. Ich weiß, daß sie mir nur helfen wollte. Aber so wie sie ‚Preisen Sie den Herrn' sagte, hatte ich das Gefühl, ich hätte überhaupt kein Recht zu weinen, wenn ich dem Herrn vertraute." Und nach einer Weile fügte sie nachdenklich hinzu: „Vielleicht wußte sie einfach nicht, daß Vertrauen auf den Herrn nicht ausschließt, daß man auch mal weint. Vielleicht hat sie vergessen, daß Gott uns aufgefordert hat, mit den Weinenden zu weinen."

Jeanette hatte recht. Außerdem weinte auch Jesus angesichts des Todes, als er vor dem Grab seines Freundes Lazarus stand. Obwohl wir eines Tages zum Leben auferstehen werden, ist der Tod dennoch etwas Furchtbares. Alles Leid auf dieser Erde ist schrecklich. Es ist töricht anzunehmen, Christen könnten ihre Prüfungen überwinden, ohne sie überhaupt zu empfinden. Als Jesus vor dem Grab seines Freundes Tränen vergoß, zeigte er damit, daß man ruhig einmal weinen darf.

Gott will nicht, daß wir unsere Tränen ersticken. Und wir wollen es auch nicht voneinander verlangen. Denn „Weinen hat seine Zeit ... Klagen hat seine Zeit" (Prediger 3,4).

Lieder in der Nacht

Aber Klagen und Weinen ist nicht genug. Wenn Sie von furchtbaren Schmerzen gequält werden, wenn Ihnen vor Kummer das Herz brechen will, wenn Sie vor Not und Schuld nicht mehr aus noch ein wissen, dann brauchen Sie jemanden, der Sie versteht. Und dieses Verständnis finden Sie am besten bei den Schreibern der Psalmen. Viele Psalmen wurden aus tiefster Verzweiflung heraus geschrieben, und sie sollten auch in Zeiten tiefster Verzweiflung gelesen werden.

David, der viele dieser Psalmen gedichtet hat, wußte, was Leiden heißt. In jungen Jahren hing sein Leben an einem Faden, als die Soldaten Sauls ihn wie einen gemeinen Verbrecher verfolgten. Seinen besten Freund Jonathan verlor er in der Schlacht. Als er dann König war, drückte ihn seine Schuld, weil er Ehebruch und Mord begangen hatte. Einer seiner Söhne starb im Säuglingsalter. Für den Rest seines Lebens wurden seine Familie und sein Königreich von Rebellion, Mord und Krieg heimgesucht. Dieser Mann hatte also eine Menge Probleme!

Die meisten Psalmen geben keine Antwort auf unsere Probleme. Viele von ihnen sind einfach ausführliche, an Gott gerichtete, verzweifelte Hilferufe. Aber wenn ich die Gebete dieses Mannes und auch die der anderen Psalmisten lese, weiß ich, daß ich nicht allein bin. Hier ist jemand, der das kennt und durchgemacht hat, was ich durchmache. Es ist, als ob David und ich zusammen auf einem Stein auf dem Feld bei seinen Schafen säßen. Ich lausche, wie er mit all seinem dichterischen Können den Schmerz seines Herzens vor Gott ausschüttet. Und dabei schüttet er auch meinen Schmerz aus. Ja, denke ich, diese Worte geben genau das wieder, was ich empfinde. Das ist es, was ich eigentlich beten möchte! So weiß ich auch, daß Gott meine Gedanken hört und versteht.

Hören Sie, wie David im Psalm 6 vor Gott seufzt: „Ich bin müde vom Seufzen; ich schwemme mein Bett die ganze Nacht, benetze mein Lager mit meinen Tränen" (Psalm 6,7).

Denken Sie an Ihre eigenen kummervollen Näch-
te, in denen Sie Ihr Kissen mit Tränen benetzten.
Können Sie mit ihm fühlen, wenn er in Psalm 38 in
seiner Angst und Schuld zu Gott schreit: „Denn ich
bin nahe daran zu fallen, und mein Schmerz ist im-
merdar vor mir. Denn ich bekenne meine Schuld
und bin bekümmert wegen meiner Sünde. Verlaß
mich nicht, o Herr! Mein Gott, sei nicht fern von
mir!" (Psalm 38, 18-19,22).

Während wir uns in die Gedanken und Worte
Davids vertiefen, erkennen wir in ihm einen Leidensgenossen. Wenn dann seine Hoffnungslosigkeit
der Gewißheit weicht, daß Gott seine Gebete erhört
hat, dann erfüllt seine Zuversicht auch uns, und wir
können mit ihm sagen: „O Herr, mein ganzes Verlangen sei dir vorgelegt, und mein Seufzen sei dir
nicht verborgen!" (Psalm 38,10).

Der Schmerz ist noch da. Doch der glimmende
Docht wird nicht verlöschen, auch wenn der Sturm
noch so tobt und die Sorgen noch so drücken:
„Denn auf dich, Herr, hoffe ich; du wirst antworten, Herr, mein Gott!" (Psalm 38,16).

Wenn David solche Hoffnung haben konnte,
warum nicht auch ich? Wenn der Mann, der ein
Ehebrecher und Mörder war, Gott trotz seiner Sünden vertrauensvoll begegnen konnte, warum nicht
auch ich? Das ist Grund zur Freude, ja zum Jauchzen! Und gerade das tut David manchmal. Wie ein
erfrischender Sommerregen mitten in einer Hitze-
periode verwandelt sich sein Leid in Freude, und er
ruft voll Dankbarkeit: „Beharrlich habe ich auf den
Herrn geharrt, da neigte er sein Ohr zu mir und erhörte mein Schreien und zog mich aus der Grube

des Verderbens, aus dem schmutzigen Schlamm, und stellte meine Füße auf einen Fels, machte meine Schritte gewiß und gab mir ein neues Lied in meinen Mund, ein Lob für unseren Gott; das werden viele sehen und den Herrn fürchten und ihm vertrauen" (Psalm 40,2-4).

Die Veränderung in Davids Leben gibt uns Mut, daß auch wir die Kraft bekommen werden, geduldig auf den Herrn zu harren, bis er *unser* Schreien hört, *unsere* Füße auf Felsen stellt und *uns* ein neues Lied schenkt. Wenn wir hören, wie der einst so niedergeschlagene Hirte sagt: „Du hast mir meine Klage in einen Reigen verwandelt, du hast mein Trauergewand gelöst und mich mit Freude umgürtet" (Psalm 30,12), schöpfen wir Hoffnung, daß auch wir eines Tages wieder lachen werden. Und wenn er schreibt: „Denn sein Zorn währt einen Augenblick, seine Gnade aber lebenslang; am Abend kehrt das Weinen ein und am Morgen der Jubel!" (Psalm 30,6), können auch wir allmählich glauben, was wir vorher einfach nicht glauben konnten – daß auch unsere eigene Not eines Tages vorüber sein wird. Wenn wir dann hören, wie dieser Dichter, der die Qual einer schlaflosen Nacht so eindrücklich beschrieben hat, nun singen kann: „Ich habe mich niedergelegt, bin eingeschlafen und wieder erwacht; denn der Herr stützte mich" (Psalm 3,6), können auch wir schließlich einschlafen. Irgendwie gebraucht Gott diese tröstenden Psalmen, um unsere Tränen der Qual in Tränen der Erleichterung zu verwandeln. Wer sich ausweint und seinem Herzen Luft gemacht hat, fühlt sich hinterher besser. So sind uns auch die Psalmen eine Hilfe, unserem Herzen Luft zu machen – wir vertrauen Gott unsere tiefen Ängste an und bringen unsere aufgewühlte Seele dadurch zur Ruhe, daß wir uns sagen: Gott ist immer noch unseres Vertrauens würdig.

Auf Gott harren

Vor sechs Jahren fuhr ich mit meinen Angehörigen einmal mit einem Sessellift auf den Gipfel eines großen, von Gletschern überzogenen Berges, der eine herrliche Aussicht auf den Jasper Provincial Park in Alberta, Kanada, bietet. Wir sahen die majestätischen Kiefernwälder und türkisfarbenen Seen. Es war eine wilde, zerklüftete Landschaft. Trotz unserer gefütterten Jacken erschauerten wir, teils wegen der eisigen Kälte, teils wegen des ehrfurchtgebietenden Anblicks. In begeisterten Ausrufen überschrien wir sogar den heulenden Wind.

Ich entdeckte einen Adler, der über dem Wald im Tal schwebte – ein kleiner Fleck vor der Bergkette in der Ferne. Ich beobachtete ihn, wie er kreiste und plötzlich in die Tiefe stürzte, und bewunderte die Anmut und Mühelosigkeit seines Fluges.

Adler scheinen mit großen Dingen zu tun zu haben: hohe Berge, tiefe Schluchten und schwindelnde Höhen. Wir finden sie immer in einer eindrucksvollen Landschaft.

Auch Gott spricht von Adlern. In einem der beliebtesten Abschnitte des Alten Testamentes benutzt er den Flug des Adlers als ein Bild für das Abenteuer, das auf den leidenden Christen wartet, der auf Gott harrt. „Knaben werden müde und matt, und Jünglinge fallen; die aber auf den Herrn harren, kriegen neue Kraft, daß sie auffahren mit Flügeln wie Adler, daß sie laufen und nicht matt werden, daß sie wandeln und nicht müde werden" (Jesaja 40, 30-31).

Was bedeutet das: „auf den Herrn harren"? Manche denken dabei an das Warten, wozu man manchmal gezwungen wird. Zum Beispiel: Im Wartezimmer des Arztes sind zehn Leute vor Ihnen, und Sie schlagen die Zeit tot, indem Sie in Zeitschriften herumblättern. Doch wenn die Bibel vom Harren spricht, meint sie damit die *feste Zuversicht*, daß Gott weiß, wieviel Leid ich brauche und ertragen kann. Es bedeutet, *erwartungsvoll* dem Tag entgegenzusehen, an dem er mich von meinen Lasten befreien wird.

Aber nicht ermüden? Nicht ermatten oder hinfallen? Wie ist das möglich, wo das doch für einen kranken Menschen geradezu typisch ist? Doch Gott verheißt ganz eindeutig, daß die, die in ihren Leiden auf ihn harren, neue Kraft und Ausdauer empfangen werden, so daß die anderen sich wundern werden.

Man sollte meinen, daß ich in meiner Lage schwach und lebensmüde würde. Doch da ich Gott kenne und mich voller Zuversicht auf den Tag freue, an dem er mir einen neuen Körper geben wird, kann ich selbst jetzt schon „die Schwingen" emporheben „wie ein Adler". Denn diese Erwartung gibt mir Ausdauer und Kraft; und so gleiche ich einem Adler, der sich mit seinen mächtigen Schwingen den Luftströmungen zwischen den Bergen anvertrauen kann.

Aber noch in einer anderen Hinsicht gleiche ich

durch mein Harren auf Gott einem Adler. Mein Körper ist an diesen Rollstuhl gefesselt. Aber ich erhoffe und erwarte eine Zukunft, die Gott für mich bereitet hat, und das gibt mir die Freiheit, Höhen der Freude zu erleben und andererseits die Tiefen seiner Barmherzigkeiten zu erforschen.

Those who wait
on the Lord...
shall mount up with wings like eagles
Psalm 40

Meine Heilung in Gottes Plan?

11

ICH WOLLTE, GOTT WÜRDE MICH HEILEN

Heute nachmittag ist es in unserem Haus ziemlich ruhig. Der gelbe Schulbus wird meine Nichte in spätestens einer Stunde absetzen. Durch das Erkerfenster meines Zeichenstudios sehe ich meine Schwester Jay, die draußen im Garten ihre Radieschen und Zucchini-Kürbisse versorgt. Sie ist übrigens eine geschickte Gärtnerin. Heute sind keine Freunde oder Besucher gekommen – was bei uns eine Seltenheit ist –, so bin ich allein. Das ist die beste Gelegenheit, etwas Lektüre nachzuholen.

Am hinteren Rand des Schreibtisches, an den man mich gesetzt hat, liegt ein Buch, das ich seit einiger Zeit gern lesen möchte. Es scheint gerade in „Stoßweite" zu sein. „Stoßweite" deshalb, weil ich nicht meine Hände oder Finger gebrauchen kann. Ich kann nur meinen Arm neben das Buch legen und es mit schwachen, ungeschickten Stößen in meine Richtung schieben. Ich brauchte eine lange Zeit nach meinem Unfall, um das zu lernen, deshalb bin ich dafür sehr dankbar. Selbst die Seiten kann ich umblättern und das Buch offenhalten, wenn der Buchrücken umgeknickt ist.

Doch heute sehe ich ein Problem auf mich zukommen. Mein Arm mit der Armschiene bewegt sich sehr langsam am Bleistiftständer vorbei auf das

132

kleine Taschenbuch zu, doch es ist etwas zu weit weg. „Aha! Da werde ich mich eben strecken müssen." Es gelingt mir, mein Handgelenk neben das Buch zu legen, aber nicht ganz dahinter, so daß ich es in meine Richtung schieben könnte. Ich muß mit Taktik vorgehen. „Hm, vielleicht kann ich es im Zickzack heranholen." Mein Vetter Eddie hat mir einmal etwas vom Segelsport beigebracht: „Wenn man ein Segelboot in den Wind hineinsteuern will", sagte er, „kann man nicht einfach geradeaus segeln. Man muß sein Boot nach rechts und links, vor und zurück bewegen und sich so Stück um Stück vorwärtsarbeiten." Er nannte das Lavieren.

Dann werde ich also lavieren, dachte ich. Ich werde das Buch links an den Rand des Schreibtischs schieben. Dann wieder nach rechts. Und jedesmal werde ich es ein wenig näher auf mich zuschieben, bis es nahe genug ist, daß ich es öffnen kann." Behinderte müssen sich daran gewöhnen, daß aus einer kleinen Aufgabe eine Schwerarbeit wird.

Aber ich werde mich wohl kaum je damit abfinden, wenn mir selbst solche Kleinigkeiten mißlingen, die gewöhnlich sogar ein Behinderter ausführen kann. Heute liegt dieses kleine Buch gerade vier Zentimeter zu weit weg. Ich kann es zwar wegrücken, aber nicht in meine Richtung. „Los, Buch, hilf mal ein bißchen mit!" Doch jeder Stoß scheint es weiter wegzuschieben. Jetzt habe ich nur noch eine Hoffnung: Mit dem Gewicht meines Armes werde ich auf den Deckel drücken und das Buch mit einem Ruck zu mir herziehen. Also lege ich mein Handgelenk auf das Buch, bemühe mich, mit meinen schwachen Muskeln so fest wie möglich zu drücken und dann schnell loszulassen! Doch das Buch fliegt vom Tisch.

„O nein! Da bist du nun, Buch, zwanzig Zentimeter von meinem lahmen Arm entfernt, und ich kann dich nicht berühren." Ich werfe einen Blick aus dem Fenster. Jay ist noch draußen. Sie würde mich nie hören, wenn ich von hier aus riefe. Niemand ist da, der es aufheben könnte. Kein anderes Buch ist in greifbarer Nähe. Es wird mir also nichts anderes übrigbleiben, als die nächsten sechzig Minuten übelgelaunt am Schreibtisch zu sitzen, das Buchregal anzustarren, und eine Stunde mit Nichtstun zu verbringen, wo ich mich doch so auf das Lesen gefreut hatte.

In solchen Augenblicken wünsche ich mir, ich wäre gesund. Aber bitte denken Sie nicht, ich würde immer so empfinden, das geschieht eigentlich selten. Aber an Tagen wie heute könnte ich es besonders gut brauchen! Ich nenne sie meine „Wunsch-Tage", an denen ich mir wünsche, ich könnte meine Hände wieder benutzen. Zwar habe ich gelernt, mit meinem Zustand zufrieden zu sein und mich sogar darin zu freuen, doch wäre die Aussicht, wieder ein normales Leben führen zu können, äußerst verlockend. Ich bin überzeugt, daß jeder Behinderte, ob er Christ ist oder nicht, lieber gesund sein möchte als krank. Als mein Verhältnis zu Gott allmählich in Ordnung kam und ich wußte, daß, medizinisch gesehen, für mich keine Aussicht bestand, je wieder meine Arme und Beine bewegen zu können, da interessierte ich mich sehr für das, was die Bibel über Wunderheilungen zu sagen hat. Ich suchte und forschte auf alle möglichen Arten, studierte die Bibel und andere Bücher und fragte meine Freunde und verschiedene christliche Persönlichkeiten mit geistlichem Gewicht um Rat. Alle waren sich darüber einig, daß Gott zweifellos Krankheiten heilen *kann,* egal, was es ist.

Nicht einig waren sie sich jedoch über die Frage, ob Gott alle, die wirklich im Glauben zu ihm kommen, auch heilen *will.* Ich stieß auf zwei völlig entgegengesetzte Meinungen. Die einen behaupteten, das Zeitalter der Wunder sei vorbei und man dürfe heutzutage keine Wunder mehr erwarten. Die anderen meinten, Wunder könnten zum Alltag eines jeden Christen gehören, und Krankenheilung sei ein wesentlicher Bestandteil unseres Erbes als Gläubige. Zwischen diesen beiden entgegengesetzten Polen sind alle übrigen Christen irgendwo einzuordnen. Diese Meinungsverschiedenheit besteht noch bis heute in christlichen Kreisen. Und ich möchte betonen, daß auf beiden Seiten des Zaunes Gläubige sind, die sich ihrem Herrn, Jesus Christus, völlig ausgeliefert haben und für die die Bibel das vom Heiligen Geist inspirierte Wort Gottes darstellt. Es handelt sich dabei also nicht um eine Streitfrage zwischen Menschen, die Gott lieben, und solchen, die ihn nicht lieben, zwischen „Guten" und „Bösen". Es ist vielmehr so etwas wie eine innerparteiliche Streitfrage.

Als ich nun alle diese Meinungen zur Kenntnis genommen hatte, begann ich, eine Auswahl zu treffen. Zunächst konnte ich den Leuten, die behaupteten, Gott würde heute keine Wunderheilungen mehr schenken, einfach nicht zustimmen. Erstens:

Wer kann das behaupten? Wenn ich niemanden kenne, den Gott auf außergewöhnliche Weise geheilt hat, ist das dann ein Beweis dafür, daß er es in unserer Zeit wirklich nie getan hat? Gott verfährt mit seinen Kindern, wie er will. Dem einen gibt er ein verhältnismäßig leichtes und bequemes Leben; der andere erhält das Vorrecht, in einem Konzentrationslager für ihn zu leiden. Manchen belohnt er ihren Glauben in diesem Leben, bei anderen wartet er bis nach ihrem Tod (Hebräer 11,32-39). Ich kann aus meinen persönlichen Erfahrungen mit Gott keinen absoluten Maßstab für sein Handeln mit anderen ableiten. Wollte ich die Behauptung aufstellen, Gott würde in unserer Zeit keine Kranken mehr auf übernatürliche Weise heilen, setzte das voraus, daß ich an jedem Ort der Welt hätte sein müssen, um jede vermeintliche Heilung zu überprüfen.

Außerdem, was ist mit all den Christen, die bezeugen, von Gott geheilt worden zu sein? Eine von diesen ist eine persönliche Freundin von mir, eine reife Christin, die an einer schweren Knochenmarkskrankheit litt. Da alle medizinischen Maßnahmen ohne Erfolg geblieben waren, gaben ihr die Ärzte nur noch wenig Chancen. Doch sie und andere beteten, und als sie sich wieder vom Arzt untersuchen ließ, bekam dieser vor Staunen den Mund nicht mehr zu. Er war kein gläubiger Christ, doch als er eine Zeitlang wiederholt Blutuntersuchungen gemacht hatte, sagte er zu meiner Freundin: „Ich kann dafür keine natürliche oder medizinische Erklärung finden. Ihr Fall war hoffnungslos. Ich kann nur sagen, das ist ein Wunder." Das war vor fünfzehn Jahren, und diese Frau ist heute immer noch gesund. Ich kenne sie gut genug, daß ich weiß, sie hat mir nichts vorgelogen, und sie hat sich auch nichts eingebildet, was in Wirklichkeit nie geschehen ist.

Natürlich ist es möglich, daß manche Heilungsberichte von Leuten stammen, die nur *meinen,* sie wären geheilt worden – vielleicht waren es sehr gefühlsbetonte Menschen. Andere haben vielleicht sogar gelogen, nur um die Aufmerksamkeit der anderen auf sich zu ziehen. Aus einigen Bibelabschnitten (zum Beispiel: Matthäus 7,22-23; Matthäus 24,24; 2. Thessalonicher 2,9) geht hervor, daß manche Wunder sogar vom Satan gewirkt sein können. Aber ich bin einfach nicht bereit, jeden in eine dieser Gruppen einzustufen.

Vorhin sagte ich, man könne nur dann sicher sein, daß in unserer Zeit keine Wunderheilungen mehr geschehen, wenn man immer bei allen Menschen gleichzeitig sein könnte. In Wirklichkeit gibt es aber noch eine andere Möglichkeit. Stellen Sie sich vor, Gottes Wort enthielte die Aussage, daß Gott von einem bestimmten Zeitpunkt an keinen Menschen mehr durch ein Wunder heilen würde. Dann könnten wir völlig überzeugt sein, daß jede sogenannte göttliche Heilung entweder ein Schwindel ist oder vom Satan stammt. Viele Christen glauben, das sei tatsächlich die Lehre der Heiligen Schrift. Und infolgedessen bestreiten sie jedes Zeugnis einer übernatürlichen Heilung, so überzeugt es auch sein mag.

Ich muß hier sagen, daß ich der Meinung bin, daß wir unsere Erfahrungen im Licht der Heiligen Schrift zu prüfen haben und nicht umgekehrt. Christen unserer Zeit neigen ohnehin dazu, zuviel Gewicht auf ihre Erfahrungen zu legen. Dann bezeichnen sie ihre Folgerung als absolute Wahrheit, die als Maßstab für alle zu gelten hat. Dadurch stellen sie ihre Erfahrungen auf eine Stufe mit der Heiligen Schrift.

Das heißt aber *nicht,* wir sollten unsere Erfahrungen völlig außer acht lassen. Zu viele Menschen behaupten, von Gott auf wunderbare Weise geheilt worden zu sein, als daß wir diese Zeugnisse einfach abtun könnten. Sie stammen großenteils von reifen Christen – darunter auch Medizinern. All das sollte uns zu denken geben, wenn auch wir meinen, nach der Bibel dürften wir heute keine Wunder mehr erwarten. Es sollte uns veranlassen, noch einmal zu überprüfen, ob wir Gottes Wort auch richtig verstanden haben.

So mußte ich zumindest vorläufig die extreme Einstellung ablehnen, die besagt, Gott würde heute überhaupt keine Wunder mehr tun. Nach meiner Meinung lehrt die Bibel das nicht, und auch die Tatsachen sprechen dagegen.

Aber wie steht es nun mit der Meinung der anderen Gruppe, die behauptet, Wunderheilungen seien nicht nur für heute, sondern auch für jeden da? Wie steht es mit der Behauptung, jeder, der in aufrichtigem Glauben und Vertrauen zu Jesus käme und ihn um Heilung für seinen Leib bäte, würde geheilt werden?

Nicht lange nach meinem Genickbruch gaben mir einige meiner Freunde und andere Leute, die von meinem Zustand wußten, zu verstehen, daß sie diese Auffassung vertreten. Bis heute erhalte ich zahlreiche Briefe von Christen, die mir dasselbe schreiben. Manche haben mir Bücher geschickt. Viele haben sich Zeit genommen, Bibelstellen zusammenzutragen, die beweisen sollen, daß ich nicht nur geheilt werden kann, sondern geheilt werden müßte. Hier sind einige Auszüge:

„... Um gleich zur Sache zu kommen: Ich glaube, Du kannst geheilt werden, Joni. Ich weiß nicht genau, was man Dir diesbezüglich beigebracht hat oder welche Meinung Du hast, doch viele Schriftstellen besagen, daß Heilungen auch heute noch möglich sind und zwar für alle, in welchem Zustand sie auch sein mögen ... "

„Ich habe gehört, daß Du der Meinung seist, Gott wolle Dich in der körperlichen Verfassung haben, in der Du Dich befindest. Aber das kann ich nicht glauben. Und zwar aus folgenden Gründen: ... [Diese Ansicht wird dann mit zahlreichen Bibelstellen untermauert.] Joni, Du sagst vielleicht, Du verherrlichst Gott in Deiner Lähmung, aber wieviel mehr würdest Du ihn durch Dein Geheiltwerden verherrlichen! Wenn Jesus Menschen geheilt hatte – heißt es in der Bibel – verherrlichten sie Gott. Du bist auf der ganzen Welt bekannt. Kannst Du Dir vorstellen, wie wunderbar es wäre, wenn Du geheilt würdest?"

„... in Johannes 10,10 heißt es, daß wir Leben und Überfluß haben sollen. Kannst Du ehrlich sagen, Du hättest als Gelähmte Leben und Überfluß? Jesus kam, um die Menschen zu befreien. Du bist an Deinen Rollstuhl gebunden. Dein Leib ist der

Tempel des Heiligen Geistes. Meinst Du, daß er einen zerbrochenen und hilflosen Tempel haben will?..."

„... Ich würde mich freuen, wenn noch ein weiteres Kapitel in Deinem Buch folgte. Die Überschrift müßte lauten: 'Wie Gott mich geheilt hat'."

Ich kann hier nicht alle mir genannten Gründe anführen, warum jeder Christ Heilung von Gott erwarten dürfe, wenn er wirklich glaubt. Doch die vielen Briefe, die ich empfangen, die Bücher die ich gelesen und die Gespräche, die ich geführt habe, können wie folgt zusammengefaßt werden:

1) Krankheit und Tod sind das Werk Satans und der Dämonen (Lukas 13,16; Apostelgeschichte 10, 38). Da der ganze Sinn des Kommens Jesu darin bestand, die Werke des Teufels zu zerstören (1.Johannes 3,8), können die Gläubigen erwarten, von Krankheiten geheilt zu werden.

2) Jesus vollbrachte zu seinen Lebzeiten viele Heilungswunder. Aus Bibelstellen wie Hebräer 13,8 wissen wir, daß Gott sich niemals ändert, daß Jesus Christus „derselbe ist, gestern und heute und in Ewigkeit". Deshalb muß er auch heute *genauso* die Menschen heilen, wie er es vor Jahrhunderten getan hat.

3) Wir haben mehrere Verheißungen in der Schrift, daß wir alles bekommen werden, um was wir im Namen Jesu bitten (Johannes 14,12-14; Markus 11,22-24; 1. Johannes 3,22 und viele andere Bibelstellen). Diese Verheißungen beziehen sich doch auch auf Gebete um Heilung.

4) Es gibt eine ganze Reihe von Schriftstellen, die in besonderer Weise den Gläubigen Gesundheit und Heilung zusagen. Die bekannteste ist Jesaja 53,5: "... durch seine Striemen ist uns Heilung geworden." Auch Psalm 103,1-3 sei hier erwähnt: „Preise den Herrn, meine Seele, ... der da heilt alle deine Krankheiten." Außerdem sollen noch 1. Petrus 2,24 und Jakobus 5,15 erwähnt werden.

Diese Argumente teilte man mir also mit, und sie leuchteten mir ein. „Ich denke, jetzt weiß ich, was ich zu tun habe", sagte ich mir. Nachdem ich die Angelegenheit eingehend überdacht hatte, kam ich zu der Überzeugung, daß Gott mich heilen würde.

12

WARUM WURDE ICH NICHT GEHEILT?

An einem regnerischen Nachmittag im Frühsommer 1972 versammelten sich etwa fünfzehn Leute in einer kleinen Holzkapelle in der Nähe meines Elternhauses: gute Freunde, Familienangehörige und Gemeindeleiter – mehrere Älteste und einige Pastore – die ich hatte zusammenrufen lassen, um für meine Heilung zu beten. Es war eine einfache Versammlung. Wir fingen an, indem wir abwechselnd verschiedene Schriftstellen vorlasen. Einige lasen aus dem Neuen Testament: „ Und das ist die Freimütigkeit, die wir ihm gegenüber haben, daß, wenn wir seinem Willen gemäß um etwas bitten, so wissen wir, daß wir das Erbetene haben, das wir von ihm erbeten haben" (1. Johannes 5,14-15), andere aus dem Alten Testament: „ . . . die aber auf den Herrn harren, kriegen neue Kraft, daß sie auffahren mit Flügeln wie Adler, daß sie laufen und nicht matt werden, daß sie wandeln und nicht müde werden" (Jesaja 40,31).

Manche lasen Verse vor, die sich direkt auf die Heilung von Kranken beziehen: „ Ist jemand von euch krank, der lasse die Ältesten der Gemeinde zu sich rufen; und sie sollen über ihn beten und ihn dabei mit Oel salben im Namen des Herrn. Und das Gebet des Glaubens wird den Kranken retten, und der Herr wird ihn aufrichten ... " (Jakobus 5,14-15), oder lasen Berichte über Heilungen ...

„Was ist leichter, zu dem Gelähmten zu sagen: Deine Sünden sind dir vergeben? oder zu sagen: Steh auf, nimm dein Bett und wandle? Damit ihr aber wisset, daß des Menschen Sohn Vollmacht hat, auf Erden Sünden zu vergeben, sprach er zu dem Gelähmten: Ich sage dir, stehe auf, nimm dein Bett und gehe heim! Und er stand auf, nahm alsbald sein Bett und ging vor aller Augen hinaus; so daß sie alle erstaunten, Gott priesen und sprachen: Solches haben wir noch nie gesehen!" (Markus 2,1-12).

Nach dem Vorlesen salbte man meinen Kopf mit Olivenöl. Dann beteten wir eine Zeitlang inbrünstig und gläubig ausschließlich um meine Heilung. Wir baten Gott, sich selbst zu verherrlichen, indem er mich wieder gehen ließe, und wir vertrauten ihm, daß er es tun würde.

Als unsere kurze Versammlung zu Ende war und wir aus der Kapelle ins Freie traten, hatte der Regen aufgehört und wir wurden von einem schönen Regenbogen begrüßt, der in der Ferne aus dem Nebel tauchte und im Sonnenlicht funkelte. Ich kann nicht sagen, daß jemand von uns besonders davon beeindruckt gewesen wäre, doch ich wurde dadurch in der Gewißheit bestärkt, daß Gott gerade jetzt auf uns herniederblickte und unsere Gebete gehört hatte. In der gleichen Gemütsverfassung, in der ich hergekommen war, fuhr ich wieder nach Hause: nämlich in der frohen Erwartung, Gott würde mich heilen. „Ich danke dir, Herr", betete ich still, als der Wagen anfuhr, und dankte Gott für meine Heilung, denn ich war überzeugt, daß er bereits am Werk war.

Eine Woche verging ... und dann noch eine ... und noch eine. Mein Körper hatte immer noch nicht begriffen, daß ich geheilt war. Die Finger und Zehen reagierten noch nicht auf die Anweisung meines Gehirns. „Vielleicht geht die Heilung stufenweise vor sich", dachte ich und wartete weiter. Aber aus drei Wochen wurde ein Monat, und aus einem Monat wurden zwei.

Sie können sich vorstellen, welche Fragen auf mich einstürmten. „Gibt es in meinem Leben irgendeine Sünde?" Nun, natürlich ist im Leben eines jeden Christen noch Sünde. Niemand ist ohne Sünde. Doch ich war mir nicht bewußt, daß ich mich auf irgendeinem Gebiet gegen Gott aufgelehnt hätte. Ich lebte in enger Gemeinschaft mit ihm und bekannte ihm täglich mein Versagen und bekam auch immer wieder die Gewißheit der Vergebung.

„Sind wir richtig vorgegangen?" Als ich diese Frage meiner Freundin Betsy stellte, beruhigte sie mich in diesem Punkt. „Natürlich, Joni! Das waren doch keine hergelaufenen Sektierer, die versucht hätten, etwas auf eigene Faust zu tun. Schließlich wurde die Versammlung von Pastoren und Ältesten geleitet!" „Ich denke, du hast recht", nickte ich zustimmend. „Wir haben genau das getan, was uns in Jakobus 5 und anderen Stellen gesagt wird."

Aber dann stieg die schwerwiegende Frage in mir auf, die sich so viele stellen, deren Gebet um Heilung nicht erhört wurde: „War mein Glaube auch groß genug?"

Was für eine Flut von Schuldgefühlen bringt diese Frage mit sich! Sie gibt dem verzweifelten Gedanken Einlaß: „Gott hat mich nicht geheilt, weil bei mir etwas nicht in Ordnung ist. Ich habe wohl nicht fest genug geglaubt." Sie sehen, wie daraus ein Teufelskreis entstehen kann:

Ein Christ, der an irgendeiner Krankheit leidet, fragt einen Freund: „Glaubst du, Gott wird mich heilen, wenn ich ihn darum bitte?"

„Natürlich wird er das tun", versichert ihm der Freund. „Aber du darfst nicht zweifeln. Die kleinste Spur von Zweifel kann deine Heilung verhindern."

Da der Kranke weiß, daß „der Glaube aus der Verkündigung, die Verkündigung aber durch das Wort Gottes" kommt, liest er stundenlang in der Bibel von der gewaltigen Macht Gottes und seinen wunderbaren Verheißungen, um auf diese Weise seinen Glauben zu stärken. Schließlich fühlt er sich zum Beten bereit. Er betet für sich allein, mit den Ältesten seiner Gemeinde, in einer Heilungsversammlung oder wo auch immer, doch – er wird nicht geheilt. „Was ist los? Was ist falsch gelaufen?" fragt er sich. Oft lautet die Antwort: „Der Fehler liegt nicht bei Gott. Er ist immer bereit, ja, er wartet darauf, eingreifen zu können. Der Fehler muß bei dir liegen. Du hast wahrscheinlich nicht richtig geglaubt." Doch der arme Kerl weiß genau, daß er in diesem Gebet um Heilung Gott mehr vertraut hat, als es je in seinem Leben der Fall war.

Wie geht es nun weiter? Da der Kranke nicht geheilt worden ist, fragt er sich natürlich, ob Gott ihn auch wirklich heilen will. Sein Glaube ist schwächer geworden. Doch man hat ihm gesagt, daß er gerade mehr Glauben braucht, um geheilt zu werden. Jedes unbeantwortete Gebet vermehrt seine Zweifel, und so werden die Aussichten auf Heilung immer geringer! Der Kampf ist aussichtslos.

Doch ich war überzeugt, daß ich bei jener Gebetsversammlung in der kleinen Kirche fest geglaubt hatte, Gott werde mich heilen. Ich hatte sogar einige Bekannte in der Woche vorher angerufen und ihnen angekündigt: „Paßt auf, ich werde bald vor eurer Tür stehen: Gott wird mich heilen!"

Nein, am Glauben hat es nicht gelegen. Die Antwort muß irgendwo anders zu suchen sein.

Seitdem habe ich jahrelang im Rollstuhl verbracht und genügend Zeit gehabt, um darüber nachzudenken, warum ich nicht geheilt worden bin; ich habe zahllose Bücher gelesen, mit vielen Leuten gesprochen und manche Stunde betend in der Heiligen Schrift geforscht. Ich weiß immer noch nicht alles über das Kapitel „Heilung." Aber ich habe einige Stellen in der Bibel gefunden, die mir persönlich eine große Hilfe waren. Nachher werde ich Ihnen das Ergebnis meines sechsjährigen Forschens mitteilen.

Doch zunächst möchte ich Sie warnen. Oft haben wir Fragen, die nicht einfach zu beantworten sind, aber wir sind zu ungeduldig, um die Antwort bis zum Schluß anzuhören. Früher dachte ich auch manchmal: „Erzähl mir nicht soviel theologisches Zeug. Beantworte lieber meine Frage!" Und weil ich mir nicht die Zeit nahm und nicht die Mühe gab, zuzuhören und nachzudenken, blieb ich bei der Meinung, es gäbe keine Antwort.

Wenn wir nach Antworten suchen, kommt es leicht vor, daß wir uns nur oberflächlich mit der Bibel beschäftigen. Wir blättern träge darin herum, nehmen bestimmte Dinge aus dem Zusammenhang heraus und mißverstehen manche Redewendungen. Aber Paulus ermahnt uns, mit dem Wort der Wahrheit richtig umzugehen (2. Timotheus 2,15). Offensichtlich ist es also auch möglich, daß man *falsch* damit umgeht. In 2. Petrus 3,15-16 warnt uns der Apostel Petrus davor, die Heilige Schrift zu verdrehen. Er weist darauf hin, daß manche Dinge in der Bibel eben schwer zu verstehen sind. Wir müssen dem Wort Gottes mit Ehrfurcht begegnen und uns Mühe geben, jeweils die richtige Bedeutung zu finden. Das gilt besonders dann, wenn man sich mit einem solchen Thema wie Wunderheilung beschäftigt, an dem sich die Gemüter besonders erhitzen. Bitte verlieren Sie diesen Punkt nicht aus den Augen, wenn ich Ihnen jetzt erkläre, zu welchem Schluß ich im Blick auf Wunderheilungen gekommen bin: Gott kann zweifellos auch heute noch Menschen auf übernatürliche Weise heilen, und er tut es auch. Aber die Bibel lehrt *nicht,* daß er *immer* heilen wird, sooft jemand im Glauben zu ihm kommt. In seiner Souveränität behält er sich das Recht vor, zu heilen oder nicht zu heilen, je nachdem, wie er es für richtig hält.

Wie ich auf diesen Gedanken komme? Nun, stellen Sie sich einmal die Frage: „Was ist Krankheit eigentlich?* Ich meine nicht: „Welche natürlichen Ursachen hat sie?" sondern: „Was ist Krankheit

* In diesem und den folgenden Kapiteln bezeichne ich mit dem Wort „Krankheit" alle körperlichen Behinderungen und Störungen: den Verlust von Gliedern, Krankheiten aller Art, Mißbildungen, Schmerzen u.s.w.

von der Bibel her gesehen? Warum und wozu ist sie da?" Die Antworten auf diese Fragen werden viel Licht auf das Thema Heilung werfen. Und um diese Antworten zu finden, müssen wir zurückgehen bis zu unseren Urahnen im Garten Eden.

Am Anfang schuf Gott das ganze Universum. Die Erde gab er dem Menschen, den er als seinen „Mitregenten" einsetzte (1. Mose 1,26). Adam und Eva herrschten unter der Obhut Gottes über die Erde. Es gab keine Sünde und deshalb auch keine der schrecklichen Folgen der Sünde. Es gab keine Umweltverschmutzung. Die Natur war kein Feind, sondern ein Freund des Menschen. Sein Leben wurde nicht von Wirbelstürmen, Überschwemmungen oder Vulkanausbrüchen bedroht. Tod und Krankheit waren unbekannt. Es war ausgeschlossen, daß eine der leckeren Früchte des Gartens Eden irgendein tödliches Gift enthielt. Es war sowohl für die Menschen als auch für die ganze Natur ein Paradies. Aber es dauerte nicht lange, bis sich mit einem Schlag alles änderte. Satan hatte sich in seinem Hochmut gegen Gott empört und mit seinem Heer von Dämonen ein Gegenreich aufgerichtet. Der Planet Erde wurde sein Hauptquartier. Die Menschen wurden verleitet, zu sündigen, die verbotene Frucht zu essen. Als Folge davon wurde die Erde vom Fluch betroffen. In Römer 8,20-23 wird es ganz deutlich gesagt, daß nicht nur der Mensch, sondern auch die Erde selbst, die ganze Schöpfung, der Nichtigkeit und Vergänglichkeit, dem endlosen Kreislauf von Werden und Vergehen unterworfen wurde. Möglicherweise fraßen vor dem Sündenfall alle Tiere nur Pflanzen. Danach aber ernährte sich

eins vom Fleisch des anderen. Der Stärkere über-
lebte. Nun war die Natur nicht nur in sich selbst
zerstritten, sie wurde auch der Feind des Menschen.
Einst hatten sie zusammengearbeitet, nun lagen sie
im Streit miteinander. Einst hatte die Erde ohne besondere Anstrengung des Menschen ihre Frucht gebracht; jetzt war es eine Welt voller Unkraut geworden! Wilde Tiere trachteten dem Menschen nach
dem Leben, und Überschwemmungen und andere
Naturkatastrophen drohten ihn zu vernichten.

Als Folge der Sünde hatte der Mensch immer
mehr mit seelischen und körperlichen Schwierigkeiten zu kämpfen. Unmittelbar nach ihrem Ungehorsam wurden Adam und Eva von Schuldgefühlen geplagt, denn sie hatten ja Schuld auf sich geladen.
Daraufhin entstand der erste Ehekrach der Welt:
Adam machte Eva wegen ihrer Sünde Vorwürfe.
Einsamkeit, Enttäuschung, Bitterkeit und andere
seelische Nöte, mit denen die Menschen zu kämpfen haben, nahmen schon damals ihren Anfang. Eifersucht und Mord ließen nicht lange auf sich warten. Danach wurden alle Menschen mit einer sündigen Natur geboren; sie waren von Gott getrennt
und geistlich tot.

So wie Dornen und Disteln die Erde überwucher-
ten, wurde der Körper des Menschen von Krankheit und Schwachheit befallen. Wenn wir das erste
Buch Mose lesen, stellen wir fest, daß die Lebens-
dauer der Menschen immer kürzer wurde. Die Leute lebten nicht mehr Hunderte von Jahren, wie es in
den ersten Generationen der Fall gewesen war.
Krankheiten verseuchten die Welt. Es gab mißge-
staltete Säuglinge und geistig Behinderte. Und was

das Schlimmste war – das Ganze endete mit dem Tod. Die Pflanzen starben. Die Tiere starben. Die Menschen starben.

Ja, die Sünde hatte verhängnisvolle Auswirkungen. Satan wurde der König des Planeten Erde, der „Gott dieser Welt" (2. Korinther 4,4), der „Fürst, der in der Luft herrscht" (Epheser 2,2), der „Fürst dieser Welt" (Johannes 12,31).

Nun haben wir also die Antwort auf unsere Frage: „Was ist die Krankheit aus biblischer Sicht?" *Krankheit ist nur eine der unzähligen Folgen der Sünde des Menschen, die unter anderem auch Tod, Leid, Schuld und Naturkatastrophen verursachte.* Sie ist ein Teil des allgemeinen Fluches Gottes, unter dem die ganze Menschheit wegen ihrer Sünde zu leiden hat.

Was ist nun mit diesem Fluch, der Tod und Krankheit zur Folge hatte? Hat Gott die Welt einfach sich selbst überlassen? Ohne Hoffnung? Nein! Schon im ersten Buch Mose versprach er, daß eines Tages ein Erlöser kommen werde, der sowohl über die Sünde als auch über die Folgen der Sünde triumphieren werde. Das ganze Alte Testament vermittelt eine Vorahnung von diesem Befreier, und je länger wir darin lesen, desto deutlicher und klarer wird das Bild von diesem kommenden Messias.

Zunächst zeigt uns das Alte Testament eindeutig, daß *der Messias mit der Sünde fertig werden wird.* Das geschieht, indem er dem Volke Gottes die Sünden vergibt und die heidnischen Sünder, die sich weigern, Gott zu gehorchen, ins Gericht bringt.

Zweitens wird im Alten Testament deutlich, daß

sich *der Messias auch mit den Folgen der Sünde be-*
fassen wird.

Nehmen Sie zum Beispiel das Buch Jesaja. Es wird berichtet, wie die Welt der Natur wiederhergestellt werden wird. „Denn es werden Wasser in der Wüste entspringen und Ströme in der Einöde. Die trügerische Wasserspiegelung wird zum Teich und das dürre Land zu Wasserquellen..." (Jesaja 35,6-7). Sowohl die Erde als auch die Tiere werden davon betroffen sein. „Wolf und Lamm werden einträchtig weiden, der Löwe wird Stroh fressen wie das Rind, und die Schlange wird sich mit Staub begnügen..." (Jesaja 65,25). Der Prophet des Altertums sah voraus, daß Leid und Not der Menschheit ein Ende nehmen werden. „Und die Erlösten des Herrn werden wiederkehren und gen Zion kommen mit Jauchzen. Ewige Freude wird über ihrem Haupte sein. Wonne und Freude werden sie erlangen; aber Kummer und Seufzen werden entfliehen" (Jesaja 35,10). Und im Blick auf die Krankheit heißt es: „Alsdann werden der Blinden Augen aufgetan und der Tauben Ohren geöffnet werden; alsdann wird der Lahme hüpfen wie ein Hirsch und der Stummen Zunge lobsingen; denn es werden Wasser in der Wüste entspringen und Ströme in der Einöde" (Jesaja 35,5-6).

Solche und ähnliche Verheißungen führten dazu, daß das Warten auf den Messias in den Tagen Jesu ihren Höhepunkt erreichte.

Viele alttestamentliche Gläubige hatten jedoch beim Lesen dieser Weissagungen zweierlei mißverstanden. Zunächst waren sie sich nicht bewußt, daß diese wunderbare Zukunft für die ganze Welt, nicht nur für das Volk Israel, bestimmt war. Zweitens dachten viele – vielleicht die meisten – daß diese Verheißungen mit einem einzigen Kommen des Messias erfüllt würden. Sie verstanden nicht, daß ihr König zuerst in Niedrigkeit, als Diener kommen würde, und erst später in seiner königlichen Herrlichkeit.

In einem Punkt hatten sie recht: Das Reich Gottes würde kommen. Ihr Fehler bestand in der Annahme, es käme auf einmal zur Entfaltung.

Zu Beginn der Evangelien wird von Johannes dem Täufer berichtet, der mit Kleidern aus Kamelhaar bekleidet, in der Wüste Juda predigte. Er forderte die Menschenmengen an den Ufern des Jordan auf, Buße zu tun und sagte: „Tut Buße, denn das Himmelreich ist nahe herbeigekommen!" (Matthäus 3,2) Doch als Jesus kam, verkündigte er, daß das Reich Gottes gekommen sei. Nach der Heilung eines Besessenen sagte Jesus einmal: „Wenn ich aber die Dämonen durch den Geist Gottes austreibe, so ist ja das Reich Gottes zu euch gekommen" (Matthäus 12,28; siehe auch Lukas 11,20). Ein andermal, als einige Pharisäer Jesus fragten: „Wann kommt das Reich Gottes?" gab Jesus eine erstaunliche Antwort: „Das Reich Gottes kommt nicht mit Aufsehen. Man wird nicht sagen: Siehe hier! oder: Siehe dort ist es! Denn siehe, das Reich Gottes ist inwendig in euch" (Lukas 17,20-21).

Sehen Sie, diese Pharisäer meinten, das Reich Gottes würde sich gleich in seinem vollen Umfang entfalten (Lukas 19,11), Gott würde seine Feinde vernichten und seinen Thron in Jerusalem mit großer Macht und Herrlichkeit errichten. Aber sie wußten nicht, daß der König selbst in ihrer Mitte stand und das Reich Gottes deshalb in gewisser Hinsicht schon angefangen hatte. Zwar lag seine volle Entfaltung noch in der Zukunft, doch das Kommen Jesu Christi war bereits der Anfang. Deshalb bezeichnet Matthäus 4,23 die von Jesus gepredigte Botschaft als „das Evangelium des Reichs". Jesus war gekommen, um die Herrschaft Satans über die Erde abzulösen und sein eigenes Reich zu errichten. Er forderte das zurück, was ihm rechtmäßig gehörte. In seinem Erdenleben fing er an, den Fluch aufzuheben, der nach dem Sündenfall über die Menschheit verhängt worden war. Er war gekommen, sich mit der Sünde und den Folgen der Sünde zu befassen und sie auszulöschen. Was hat Jesus mit der Sünde getan? Er nahm selbst die Strafe für die Sünde am Kreuz auf sich und trat der Sünde der Menschen, die in ihrer Gesinnung, ihren Worten und Taten zum Ausdruck kam, entgegen. Und wie bekämpfte Jesus die Folgen der Sünde? Indem er sie aufhob. Wenn schuldbeladene Menschen zu ihm kamen, vergab er ihnen ihre Sünden. Wenn er Krankheit sah, heilte er die Leidenden. Begegnete er Besessenheit, trieb er durch seinen vollmächtigen Befehl die Geister aus. Als er die Macht der Naturgewalten erlebte, „bedrohte er den Wind und sprach zu dem See: Schweig, verstumme!" Seine erstaunten Jünger atmeten vor Erleichterung auf, als sie samt ihrem Boot gerettet waren. Sie wunderten sich, daß auch Wind und Wellen ihm gehorchten. Damit bewies Jesus nicht nur, daß er uns in den „Stürmen des Lebens" helfen kann. Er demonstrierte seine Macht, indem er die Wirkungen der Sünde auf die Natur aufhob. Das war ein Hinweis darauf, daß er die Herrschaft über die Erde wieder an sich nahm. Es war, als ob er sagen würde: „Wißt ihr Wellen nicht, daß ich König bin? Satan hat diesen Planeten lange genug beherrscht und euch Wellen zu Feinden der Menschen gemacht. Aber ich bin gekommen, um dem allem ein Ende zu setzen."

Ja, indem er gegen die Sünde und die Folgen der Sünde ankämpfte, *begann* Jesus, sein Reich aufzurichten. Die Betonung liegt dabei auf dem Wort „begann," denn das ist äußerst wichtig im Blick auf das Problem der Heilung. Jesus fing an, aber er schloß die Sache damals nicht ab. In Apostelgeschichte 1,1 heißt es, der im Lukas-Evangelium über Jesus gegebene Bericht handle „von allem, was Jesus *anfing,* zu tun und auch zu lehren".

Gewiß hat Jesus Dämonen ausgetrieben. Aber er beseitigte die Besessenheit nicht grundsätzlich. Nachdem er in den Himmel zurückgekehrt war, gab es immer noch Besessene.

Jesus heilte auch die Kranken. Aber denken Sie an all die Leute, selbst die in seinem eigenen Land, denen Jesus niemals begegnete und die er nicht heilte, ganz abgesehen von den Menschen in anderen Teilen der Welt. Die er heilte, wurden alt und starben später auch.

Jesus stillte den Sturm und bewies dadurch seine Macht über die Folgen der Sünde im Reich der Natur. Aber bedeutete dies, daß damit keine Naturkatastrophen mehr eintreten würden? Auf keinen Fall. Jesus weckte auch Tote auf, und das war wunderbar. Aber es starben auch viele fromme Leute, die

154

Jesus nicht auferweckte. Und selbst die Auferweckten mußten später wieder sterben.

Jesus vergab den Menschen ihre Sünden – er machte sie gerecht in den Augen Gottes. Aber hat er sie ihr Leben lang von der Gegenwart der Sünde und ihrer sündigen Natur befreit? *Es war nicht seine Absicht, damals schon den Bau seines Reiches zu vollenden. Hätte er das getan, hätte der größte Teil der Welt niemals Gelegenheit gehabt, das Evangelium zu hören. Sein Plan war es, das Reich zu beginnen, das Fundament zu legen. Damit gab er uns eine Ahnung davon, wie es am Ende der Zeit sein würde, wenn das Reich Gottes sich voll entfalten bzw. abgeschlossen sein würde.*

Die Schreiber der Evangelien betonen, daß wir als Christen gleichzeitig in zwei Zeitaltern leben. Wir erleben die Prüfungen, Versuchungen und Probleme des gegenwärtigen Zeitalters, obwohl wir die Kräfte des kommenden Zeitalters kennengelernt haben. Gott ist jetzt schon König, aber er greift nicht ständig ein, um das zu beweisen. Er löscht die Sünde und die Folgen der Sünde nicht völlig aus, sondern gibt den Christen lediglich eine Ahnung, eine „Anzahlung" auf das, was das Reich in seiner vollen Entfaltung sein wird.

Ein Beispiel: Wenn wir in den Himmel kommen, werden wir vollkommen gerecht und heilig sein. Aber in der Zwischenzeit hat Gott uns, die wir zwar immer noch Sünder sind, den „Heiligen Geist der Verheißung" gegeben. „Er ist das Pfand unseres Erbes..." (Epheser 1,13 und 14). Der Heilige Geist hilft uns, Gott zu lieben und in diesem Leben nach seinem Willen zu handeln. Das ist ein Vorgeschmack der Zukunft, in der er uns vollkommen heilig und Gott wohlgefällig machen wird. Wie eine Mutter ihr Kind vor dem Essen ein bißchen kosten läßt, so zeigt uns Jesus durch seine Wunder und der Heilige Geist durch sein Wirken in uns, wie es einmal im Himmel sein wird. Doch bis dahin gilt: „ . . . wenn auch unser äußerer Mensch zugrunde geht, so wird doch der innere Tag für Tag erneuert" (2. Korinther 4,16). Zwar werden wir eines Tages das volle Heil empfangen, doch in der Zwischenzeit gilt auch uns: „In der Leibeshütte seufzen wir beschwert. . . " (2. Korinther 5,4).

Verstehen Sie jetzt, warum ich diesen theologischen Themenkreis „Sünde, Folgen der Sünde und Reich Gottes" derart ausführlich behandelt habe? *Krankheit ist nur eine der zahlreichen Folgen der Sünde, die Jesus zu bekämpfen begann, (aber noch nicht endgültig beseitigte), als er hier auf der Erde anfing, sein Reich aufzurichten.* Die Wunder Jesu – auch die Heilungswunder, sind keine Garantie dafür, daß für seine Nachfolger jegliche Folge der Sünde aufgehört hätte. Von Zeit zu Zeit mag uns Gott in seiner Gnade eine Krankenheilung schenken und uns so einen Blick in die zukünftige Herrlichkeit gewähren. Ich meine, das tut er manchmal. Aber angesichts der Tatsache, daß das Reich Gottes noch nicht in seiner ganzen Fülle gekommen ist, dürfen wir das nicht als selbstverständlich ansehen. Warum sollten wir willkürlich die Krankheit herausheben, – die nur eine der zahllosen Folgen der Sünde ist – und sie als etwas Besonderes einstufen, als ob die heutigen Christen damit nichts mehr zu tun hätten? Wir leben in „diesem gegenwärtigen

Zeitalter", und das Neue Testament mißt den irdischen Prüfungen ein besonderes Gewicht bei, so daß wir den Eindruck bekommen, wir müßten uns eine ganze Menge gefallen lassen.

Will Gott das Beste für seine Kinder? Ganz gewiß. Aber das bedeutet nicht, daß sie ein leichtes, bequemes Leben auf sonnigen Höhen führen werden. Wenn mich meine wundgelegenen Stellen plagen, wie Hiob unter seinen Geschwüren litt, muß ich deshalb mit ihm sagen: „Haben wir Gutes empfangen von Gott, sollten wir das Böse nicht auch annehmen?" (Hiob 2,10). Und wenn ich mich an meinen Rollstuhl gefesselt fühle, wie Paulus in seinen Ketten gefesselt war, will ich mit ihm sagen: „Denn euch wurde in bezug auf Christus die Gnade verliehen, nicht nur an ihn zu glauben, sondern auch um seinetwillen zu leiden, indem ihr denselben Kampf habt, den ihr an mir sahet und nun von mir höret" (Philipper 1,29).

Auch an die folgenden Worte will ich mich erinnern: „... und nicht nur sie, sondern auch wir selbst, die wir die Erstlingsgabe des Geistes haben, auch wir erwarten seufzend die Sohnesstellung, die Erlösung unsres Leibes. Denn auf Hoffnung hin sind wir errettet worden. Eine Hoffnung aber, die man sieht, ist keine Hoffnung; denn was einer sieht, das hofft er doch nicht mehr. Wenn wir aber auf das hoffen, was wir nicht sehen, so warten wir es in Geduld ab" (Römer 8,23-25).

13

SATAN HAT BÖSES IM SINN – GOTT ABER HAT GUTES IM SINN

Puh! Dieses letzte Kapitel war ganz schön inhaltsreich, nicht wahr? Ich möchte wetten, einige meiner Leser sagen jetzt: „Aber was ist denn mit den vier Punkten, die in Kapitel elf erwähnt sind? "

Ich habe sie nicht vergessen. Doch ich wollte die Frage der Heilung erst allgmein behandeln. Jetzt, da wir den Hintergrund gezeichnet haben, können wir die Beantwortung der einzelnen Punkte in Angriff nehmen. Erinnern Sie sich noch, was man mir zu der Frage der Heilung schrieb?

Erstens: Satan ist der Urheber der Krankheit, und da Jesus kam, um Satans Werke zu zerstören, wird Jesus auch alle Krankheiten heilen, wenn wir ihn im Glauben bitten. Stimmt das?

Ich denke, diese Überlegung geht von einem falschen Verständnis der biblischen Lehre über die Beziehung zwischen Gott und Satan aus, besonders im Blick auf Krankheiten (und schließlich jeder Art von Unheil). Zunächst müssen wir grundsätzlich festhalten, daß Satan zwar oft Krankheit verursacht, jedoch nur das tun kann, was Gott zuläßt. '

Wir haben manchmal eigenartige Vorstellungen von Gott. Es sieht so aus, als würden wir den Kampf zwischen Gott und Satan – ohne uns dessen bewußt zu werden – als eine Art Ringkampf sehen. Einmal hat Gott die Oberhand, im nächsten Augenblick Satan. Am Ende wird natürlich Gott den Sieg davontragen (sagen wir uns), denn er ist ein wenig stärker und hat den längeren Atem. Aber er braucht viel Zeit und Kraftaufwand, und manchmal geht es nur mit knapper Not gut.

Wir scheinen fest anzunehmen, die Anschläge Satans könnten die Pläne Gottes über den Haufen werfen, ihn überrumpeln oder vor schier unlösbare Probleme stellen.

Aber wie töricht sind solche Gedanken! In Wirklichkeit ist Gott unendlich mächtiger als Satan. In 1. Johannes 4,4 heißt es „ . . . der, welcher in euch ist [Gott], ist größer als der, welcher in der Welt ist" [Satan]. Schließlich ist es Gott, dem Satan seine Existenz verdankt. Er mußte Gott um Erlaubnis bitten, bevor er Hiob antasten konnte, und selbst dann mußte er sich an bestimmte Einschränkungen halten. Seine dämonischen Heere fürchteten Jesus und gehorchten seinen Befehlen. Und die Bibel sagt eindeutig, daß unser Herr einst – zu seiner Zeit – den Bösen endgültig besiegen und außer Gefecht setzen wird.

Nein, Satan schleicht sich nicht heimlich davon und verursacht eine Lungenentzündung oder Krebs, weil Gott gerade mal zur anderen Seite schaut, um dort auf die Gebete seiner Heiligen zu hören. Der Teufel kann nur das tun, was unser allmächtiger, allwissender Gott zuläßt. Wir haben die Verheißung Gottes, daß er nichts zulassen wird, was nicht zu unserem Guten diente oder was wir nicht tragen könnten (Römer 8,28; 1. Korinther 10,13).

Aber wenn wir sagen, Gott würde Satan „gewähren" lassen, haben wir manchmal eine falsche Vorstellung, denke ich. Es ist nicht so, als ob Satan Gott den Arm verdrehte und Gott zögernd nachgäbe: „Nun ja, meinetwegen kannst du dies oder jenes tun ... aber nur dieses eine Mal und nicht zuviel! " Wir dürfen uns auch nicht vorstellen, daß Gott, nachdem er die Erlaubnis gegeben hat, mit einem Werkzeugkasten aufgeregt hinter Satan herliefe, um zu reparieren, was er zerstört hat, und sich dabei sagte: „Wie soll ich es bloß anstellen, um aus dieser Misere etwas Gutes hervorzubringen?" Noch viel schlimmer ist es, wenn man meint, es widerspräche der Absicht Gottes, wenn ein Christ krank wird, und der Herr sei dann gezwungen, einen göttlichen „Plan für den Notfall" einzuschalten.

Nein, Satan kann mit seinen dunklen Machenschaften Gottes Werk nicht aufhalten oder verhindern. *Im Gegenteil, Gott benützt die Taten Satans dazu, um seine eigenen Pläne auszuführen.*

Denken Sie zum Beispiel an die Kreuzigung Jesu. Satan spielte dabei ganz eindeutig eine wichtige Rolle, indem er die ganze Sache anstiftete. Er schlich sich in das Herz des Verräters Jesu, Judas Ischariot (Johannes 13,2,26-27). Er wirkte in den Herzen der jüdischen Menge, die in den Straßen von Jerusalem lautstark die Kreuzigung Jesu forderte. Satanischer Stolz und satanische Furcht steckten hinter dem lächerlichen Urteilsspruch des Pilatus, mit dem er einen unschuldigen Mann verurteilte, um sein Ansehen beim Volk nicht in Mißkredit zu bringen. Und Satan war es, der die grausamen Soldaten dazu trieb, dem hilflosen Gefangenen die letzten Stunden seines Lebens durch Spott und Qual noch schwerer zu machen.

Aber wie sahen die ersten Christen diese Ereignisse? Sie beurteilten die Dinge aus der Sicht Gottes und priesen ihn, daß die Menschen, die für den Tod Jesu Christi verantwortlich waren, nur das getan hatten „ ... was deine [Gottes] Hand und dein Rat zuvor beschlossen hatte, daß es geschehen sollte" (Apostelgeschichte 4,28). Bei seinem verwegensten Versuch, den Plan Gottes zu vereiteln, schuf Satan sein eigenes Verderben, weil er nur ausführte, was Gott zur Erlösung der Menschheit geplant hatte. Der gemeinste Mord der Weltgeschichte führte zur Erlösung der Welt, weil dadurch Sünde und Satan der Todesstoß versetzt wurde.

Nun nehmen wir einmal an, Gott der Vater hätte die Einstellung gehabt, die viele moderne Christen haben: Alles, was Satan will, muß dem Volk Gottes auf jeden Fall schaden. Wenn er etwas im Schilde führt, muß genau das Gegenteil dem Willen Gottes entsprechen. Was wäre die Folge gewesen? Gott hätte Judas verhindert, Jesus zu verraten; er hätte nicht zugelassen, daß die Römer ihn kreuzigten. Kurz, er hätte die Kreuzigung gestrichen! Und was wäre die Folge davon gewesen? Wir wären alle auf ewig verloren!

In Wirklichkeit verhält es sich so: Satans Beweggrund bei der Kreuzigung Jesu war Empörung; Gottes Beweggrund war Liebe und Gnade. Satan hat dabei eine untergeordnete Rolle gespielt; denn Gott hat im Grunde diese Kreuzigung gewollt und Satan erlaubt, sie auszuführen. Dasselbe gilt auch für unsere Krankheiten.

Ich kann mir vorstellen, daß manche jetzt einwenden: „Aber Joni, wir können doch nicht sagen, daß Gott es ist, der die Menschen krank werden läßt, weil er es so will? Die Bibel berichtet, daß Jesus die Kranken *heilte*. Das ist doch ein Beweis dafür, daß Krankheit nicht dem Willen Gottes entspricht."

Nun, hören wir, was Gott selbst zu Mose sagte: „Wer hat dem Menschen den Mund erschaffen, oder wer hat die Stummen, oder Tauben, oder Sehenden, oder Blinden gemacht?" (2. Mose 4,11). Und achten wir darauf, was der Prophet Jeremia sagte: „Das Böse und das Gute, geht es nicht aus dem Munde des Höchsten hervor?" (Klagelieder 3,38). Und durch Jesaja läßt Gott sagen: „ . . . der ich das Licht bilde und die Finsternis schaffe, den Frieden mache und das Unglück schaffe; ich, der Herr, bin es, der dieses alles wirkt" (Jesaja 45,7).

Ist damit gesagt, daß Gott Krankheit will? Ich denke, es kommt darauf an, wie wir das Wort „wollen" verstehen? Gott will Krankheit nicht in dem Sinn, daß er sich darüber *freut*. Er haßt sie ebenso wie all die anderen Folgen der Sünde: Leid, Schuld, Tod usw. Aber Gott muß sich für die Existenz der Krankheit *entschieden* haben, denn sonst würde er sie ja sofort beseitigen.

Ein Beispiel: Nehmen Sie an, Sie wären ein Richter und wollten einen zehnjährigen Jungen, der beim Einbruch in einen Laden erwischt wurde, verurteilen. Nehmen Sie außerdem an, der Vater dieses Jungen wäre Ihr bester Freund. Wäre es Ihnen eine *Freude,* den Jungen zu verurteilen? Gewiß nicht. Es würde Ihnen einigen Kummer bereiten. Aber Sie würden sich doch entschließen, ihn zu bestrafen, um der Gerechtigkeit Genüge zu tun.

So entschloß sich Gott aus mancherlei Gründen, Krankheit zuzulassen. Zum Beispiel arbeitet er dadurch am Charakter des Christen. Auf diese Weise gebraucht Gott eine Form des Bösen (Krankheit), um eine andere Form des Bösen (die persönliche Sünde) zu beseitigen. Es gibt aber noch weitere Gründe. Ich erwähnte bereits den Nutzen, den andere Prüfungen mit sich bringen können. Dasselbe gilt auch für Krankheiten. Im vorigen Kapitel habe ich einen Grund erwähnt, der uns vielleicht den meisten Trost gibt. Gott wartet noch mit der Abrechnung über die Sünde und ihre Folgen, bis noch mehr Menschen auf der Welt die Gelegenheit gehabt haben, das Evangelium zu hören. Denn wenn Gott heute jede Krankheit beseitigte, müßte er auch die Sünde – die Ursache der Krankheit – austilgen, und das bedeutete die Vernichtung aller Sünder. Es ist Gottes *Gnade,* die das Gericht über die Krankheit und Sünde noch hinauszögert.

Doch ich kann mir vorstellen, daß noch andere Einwände gegen meine Ausführungen vorgebracht werden. Ist es wahr, daß Gott Satan erlaubt, Krankheiten hervorzurufen? „Alles, was Satan tut, entspringt der Auflehnung gegen Gott, und das ist Sünde", überlegen einige. „Folglich bedeutet es, Gott zum Sünder zu machen, wenn man sagt, er würde Satan gestatten, Krankheiten zu verursachen."

Dieser Einwand ist schwer zu widerlegen; und ich weiß gewiß nicht alles über die Beziehung zwischen Gott und Satan. Aber die Bibel sagt doch eindeutig folgendes: Einerseits wacht Gott auch über

Satans Handlungen, so daß er nicht tun kann, was er will. Andererseits ist Gott doch wahrhaftig kein Sünder und auch nicht der Urheber der Sünde!

Wenn wir in der Bibel zwei Aussagen finden, die einander zu widersprechen scheinen, was sollen wir dann machen? Wie können wir sie miteinander vereinbaren? Eine einfache Lösung wäre es, die eine oder die andere zu bestreiten. (In diesem Fall leugnet man gewöhnlich die Souveränität Gottes). Aber das ist falsch. Zunächst einmal sollten wir uns vergewissern, daß die betreffenden beiden Aussagen auch wirklich von der Bibel gemacht werden. Nachdem wir uns davon überzeugt haben, müssen wir uns mit unserem Verstand demütig vor der Autorität des Wortes Gottes beugen und beide Aussagen im Glauben annehmen. Wenn Gott uns etwas sagt, sollen wir ihm glauben, selbst wenn es unserem begrenzten Verstand widersprüchlich erscheint.

Ich denke, die beste Erläuterung dafür ist die Lehre von der Dreieinigkeit. Die Heilige Schrift sagt eindeutig, daß es nur einen Gott gibt. Doch sie lehrt ebenso unmißverständlich, daß sowohl der Vater als auch der Sohn und der Heilige Geist jeweils Gott sind, obwohl sie drei verschiedene Personen sind. Zwar kann der menschliche Verstand diese Wahrheiten nicht miteinander in Einklang bringen, und doch streitet ein wahrer Christ keine davon ab. Warum sollten wir anders verfahren, wenn es um die biblischen Aussagen über die sündlose Natur Gottes und seine souveräne Herrschaft über Satan geht?

Als der Fürst dieser Welt hat Satan die Macht, Unheil und Verwüstung anzurichten. Diese Macht nützt er weidlich aus, weil er weiß, daß sein Weg in der Hölle endet, und er ist bestrebt, so viele Menschen wie nur möglich mit sich hinabzuziehen. Er verursacht Krankheiten und Schwierigkeiten, weil er Gott und die Menschen haßt. Aber Gott macht sich die bösen Absichten Satans zunutze und gebraucht sie zu seinen eigenen Zwecken. Das zeigt doch, daß er der ist, „der alles wirkt nach dem Ratschluß seines Willens" (Epheser 1,11).

Satan verdirbt einen Gemeindeausflug durch einen Regenguß, damit die Leute mit Gott hadern sollen. Aber Gott gebraucht den Regen, um ihnen mehr Geduld beizubringen. Satan will die Arbeit eines gesegneten Missionars aufhalten, indem er ihn stolpern und ein Bein brechen läßt. Gott läßt diesen Unfall zu, damit er durch die Geduld des Missionars in dieser Prüfung verherrlicht wird. Satan zettelt einen Wirbelsturm an, um in einem kleinen indischen Dorf Tausende von Menschen zu töten, denn es macht ihm Freude, Not und Zerstörung zu verursachen. Gott gebraucht den Sturm, um dadurch seine ehrfurchtgebietende Macht zu offenbaren, um den Leuten die schrecklichen Folgen der Sünde zu zeigen, um einige zu bewegen, ihn zu suchen, um andere in ihrer Sünde zu verhärten und um uns daran zu erinnern, daß er tun kann, was ihm gefällt, und schließlich, daß wir ihn mit unserem Verstand nie erfassen können. Satan nahm sich vor, daß sich ein siebzehnjähriges Mädchen namens Joni das Genick brechen sollte, in der Hoffnung, ihr Leben zu zerstören. Gott aber schickte den Unfall als Antwort auf ihr Gebet um eine tiefere Gemeinschaft mit ihm, und er benutzt jetzt ihren Rollstuhl, um seine Liebe und Fürsorge für sie deutlich zu machen.

Wie eine Freundin einmal sagte: „Gott schickt die Dinge, aber oft ist es Satan, der sie uns bringt." Aber dem Herrn sei Dank! Wenn Satan uns Krankheit – oder irgendein anderes Unheil – anhängt, können wir ihm mit den Worten entgegentreten, die Joseph an seine Brüder richtete, die ihn in die Sklaverei verkauft hatten: „Ihr zwar, ihr hattet Böses wider mich im Sinn; Gott aber hatte im Sinne, es gut zu machen" (1. Mose 50,20).

Soviel zu der Beziehung zwischen Satan und Krankheit. Wir wollen jetzt den zweiten Punkt behandeln, den manche Leute vorgebracht haben, die mir über Wunderheilung schrieben. Sie argumentieren: „Da Jesus Christus derselbe ist, gestern und heute und in Ewigkeit, und da er in den Evangelien alle heilte, die im Glauben zu ihm kamen, muß er doch heute ebenso handeln." Einige Zeit nach der Heilungsversammlung in der kleinen Holzkapelle sprachen Steve und ich über dieses Thema.

An einem kalten Winterabend saßen wir am Kamin. Meine Schwestern zogen sich in der Küche warm an, weil sie in die Kälte hinausgehen wollten. Draußen schneite es. Steve bemerkte den sehnsüchtigen Blick, den ich meinen Schwestern zuwarf, als sie sich in ihre Schals und Mäntel hüllten. „Du würdest am liebsten auch mit ihnen rausgehen, nicht wahr, Joni?" fragte er.

Überrascht antwortete ich: „Ach nein, nein..."

Aber dann unterbrach ich mich. „Doch", sagte ich, „eigentlich wäre es ganz schön, wenn ich gehen könnte. Weißt du, Steve, seit dieser Heilungsversammlung in der Kapelle ist nun schon mehr als ein Jahr vergangen."

Da Steve merkte, daß ich mich in eine ernste Unterhaltung einlassen wollte, rückte er seinen Stuhl näher heran. „Sieh mal", fragte ich, „kennst du irgendeine Stelle in der Bibel, die berichtet, daß Jesus jemand abgewiesen hätte, der ihn um Heilung bat?"

Er dachte einen Augenblick nach und runzelte die Stirn. „Nein, ich kann mich an keine entsinnen", sagte er kopfschüttelnd. „Dann glaubst du also, was in den Evangelien berichtet wird, daß Jesus die Menschen heilte, die zu ihm gebracht wurden?"

„Ja, gewiß", antwortete er und langte nach seiner Bibel, die auf dem Tisch lag.

„Und das Wort Gottes sagt, daß Jesus Christus 'derselbe ist, gestern und heute und in Ewigkeit', nicht wahr?"

„Sicher."

„Es sagt auch, daß sich Gott nie verändert. Stimmt's?"

„Genau."

„Wenn also Jesus alle heilte, die im Glauben zu ihm kamen, und wenn er sich nie verändert, dann wird er doch gewiß auch alle die heilen, die heute im Glauben zu ihm kommen?"

Steve stand auf und begann, langsam um den Tisch herumzugehen. Er holte tief Luft, machte eine kleine Pause, um seine Gedanken zu ordnen und antwortete dann bedächtig: „Joni, deine Logik klingt zwingend. Jesus hat tatsächlich die Menschen geheilt, die ihn damals baten. Und er ändert sich nie. Aber daraus zu schließen, daß er auch heute noch so handeln muß – das wage ich nicht."

Als er meinen fragenden Blick sah, fing er an, seine Ansicht zu erläutern: „Ich denke, der Hauptfehler bei dieser Überlegung liegt darin, daß man nicht unterscheidet zwischen dem, *wer Gott ist* und dem, *was er tut*. Wer er ist, ändert sich nie, aber was er tut, sehr oft."

„Daraufhin erklärte er mir, daß sich das Wesen und die Eigenschaften Gottes nicht verändern können. Beispielsweise könnte er nie heiliger werden, als er ist. Auch seine Liebe und Treue könnten weder zu- noch abnehmen. Denn Gott ist in allen seinen Wesenszügen bereits vollkommen, und eine Veränderung in irgendeiner Hinsicht bedeutete für ihn eine Entwicklung zur Unvollkommenheit hin.

Steve machte eine kurze Pause, damit ich das verarbeiten konnte. Er trat an den Kamin, um ein Stück Holz ins Feuer zu legen. „Laß es mich mal so erklären: Stell dir einen Menschen vor, der am Nordpol steht", sagte er mit den entsprechenden Gesten, die so typisch für ihn sind. „Wenn man dort steht, ist man so weit im Norden, wie es nur geht. Ein Schritt in irgendeine Richtung wäre ein Schritt nach Süden."

„Du meinst, wenn Gott sich änderte, wäre er nicht mehr Gott?" fragte ich.

„Genau", sagte er zustimmend und schlug sich mit der Hand auf den Oberschenkel. „Wenn man ganz oben ist und sich in irgendeine Richtung bewegt, kann man nur abwärts gehen. Und da das Wesen und die Eigenschaften Gottes 'ganz oben' sind, werden sie sich nie ändern – oder wie die Bibel es ausdrückt: „Er ist 'derselbe gestern und heute und in Ewigkeit'."

Steve fuhr fort: „Aber das heißt nicht, daß wir Gott eingrenzen und ihm vorwerfen könnten, er sei in seiner Handlungsfreiheit eingeschränkt. Es ist falsch, sich Gott als einen meditierenden Mystiker vorzustellen, der stundenlang bewegungslos dasitzt und sich nicht einmal rührt, um eine Fliege von seiner Nase wegzujagen. Die Bibel ist voll von den Taten Gottes, und jede Tat bedeutet eine Veränderung."

„Aber keine Veränderung in seinem Wesen", echote ich, „sondern eine Veränderung in dem, was er tut!" Allmählich ging mir ein Licht auf. Steve nickte und setzte mir dann auseinander, daß Gott einen Plan für die Menschheit hat, und daß sich die Geschichte unaufhaltsam auf einen Höhepunkt zubewegt. Früher handelte Gott durch sein Volk Israel, heute aber durch seine Gemeinde. Einst demütigte sich Jesus vor denen, die ihn verspotteten; doch eines Tages wird er sie dafür zur Rechenschaft ziehen. Was zu einer bestimmten Zeit in seinen Plan paßt, ist zu einem anderen Zeitpunkt fehl am Platz. Der Gott, dessen Wesen sich nie verändert, leitet ein großartiges Schauspiel, in dem die Szenen und Rollen ständig wechseln und alles auf die letzte Szene zusteuert, wonach dann der Vorhang fällt.

Ich warf einen Blick aus dem Fenster und sah, daß meine Schwestern mit ihren Schlitten zurückkehrten, und fuhr dann nachdenklich fort: „Um auf meine Frage zurückzukommen: Du meinst also, daß Wunderheilungen nicht in die heutige Zeit passen?"

„Joni, das dürfen wir nicht verallgemeinern. In Gottes Augen mag es gut sein, einen Menschen zu heilen und den anderen nicht, oder sogar ein und denselben Menschen einmal zu heilen, ein andermal aber nicht. Ich glaube, daß Gott auch heute noch Menschen durch ein Wunder heilt, wenn sie ihn darum bitten. Aber ich glaube ganz bestimmt, daß die Wunder in den Tagen Jesu Christi und seiner Apostel eine *besondere* Bedeutung hatten." Er schob mich vom Fenster weg an den Tisch.

Dann setzte er sich neben mich, schlug seine Bibel auf und fuhr mit seinen Ausführungen fort. Ich erfuhr, daß die Wunder *zur Zeit Jesu* deshalb eine besondere Bedeutung hatten, weil sie der Beweis dafür waren, daß er der Messias Israels war, der er zu sein beanspruchte, und daß er die Macht hatte, die schrecklichen Folgen der Sünde – wie Krankheit und Tod – aufzuheben.

Zur Zeit der Apostel war es ähnlich. Die Wunder, die sie vollbrachten, waren ein Zeichen dafür, daß die Apostel Jünger Jesu Christi waren, die sie zu sein beanspruchten. Sie sollten die neu entstandene junge Gemeinde festigen. Die Apostelgeschichte (in der wir von den Aposteln und ihren Taten lesen) ist der Bericht einer einzigartigen Zeit in der Geschichte des Gottesvolkes – einer Zeit mit einzigartigen Problemen, die besondere Führer, wie die Apostel, erforderte.

Zunächst einmal hatte es bis dahin keine christlichen Missionare gegeben. Doch Jesus Christus hatte seine Nachfolger beauftragt, das Evangelium auf der ganzen Erde zu verkündigen. Was für eine gewaltige Aufgabe! So half Gott ihrem Start in eine feindliche Welt, indem er seiner Gemeinde Führer gab, die Wunder vollbringen konnten. In Apostelgeschichte 2,43 lesen wir: „Es kam aber über jede Seele Furcht, und es geschahen viele Wunder und Zeichen durch die Apostel." Die Urgemeinde hatte aber noch ein anderes Problem zu bewältigen: Viele, die im Judentum aufgewachsen waren und sich zu Christus bekehrt hatten, waren verwirrt. Steve sagte, ich solle mir einmal vorstellen, ich lebte im ersten Jahrhundert in Palästina und sei der Vater einer jüdischen Familie, die vor kurzem zum Glauben an Jesus Christus gekommen sei.

„Stell dir das einmal vor, Joni", sagte er grinsend. „Jahrhundertelang hat dein Volk das jüdische Gesetz treu beobachtet: Es hat Opfer gebracht, alle Jungen beschnitten, gewisse Fleischsorten nicht gegessen und keine Gemeinschaft mit Heiden gepflegt. Natürlich ist die alte Lebensweise noch nicht ganz vergessen. Schließlich bist du ja immer noch ein Jude. Eines Tages kommt dein bester Freund, der auch ein Judenchrist ist (sich aber in der letzten Zeit etwas merkwürdig verhält), und überrascht dich mit einigen Neuigkeiten."

„He, alter Freund, hast du schon gehört?"

„Was?"

„Was sich alles verändert hat. Seit der Sohn Gottes als endgültiges Opfer für die Sünde am Kreuz gestorben ist, brauchen wir keine Tiere mehr im Tempel zu opfern."

Du schlägst die Hände über dem Kopf zusammen und stößt entsetzt hervor: „Bist du wahnsinnig?! Keine Opfer mehr bringen? Ich meine, ich glaube ja an Jesus, aber wir haben doch *immer* geopfert."

„Und das ist noch nicht alles", fährt der andere

begeistert fort. „Wir brauchen unsere Jungen nicht mehr zu beschneiden!"

„Na, hör mal ... (Räuspern) ... das ist ... (Stottern) ... wie kannst du nur ..."

„Und noch mehr: Wir dürfen jedes Fleisch essen, das wir wollen. Und wir sollen alle Heiden lieben, als wenn sie unsere Brüder wären! Ja, ich lade dich und den alten Flavius Marcus für heute abend zum Essen ein. Es gibt Schweinefleisch!"

„Ich soll Schweinefleisch essen?!" Du faßt dir mit der Hand an den Kopf und läufst schreiend hinaus: „Mit Flavius, dem Schweinehirten?!!"

Ich lachte, als Steve seine Geschichte beendete. „Nun", sagte er, „du kannst dir die Schwierigkeiten vorstellen, die im Zusammenleben zwischen Juden- und Heidenchristen auftraten. Da waren angesehene und befähigte Führer wie die Apostel dringend notwendig, um die ganze Entwicklung zu lenken und Streitigkeiten zu schlichten."

Ein weiterer Punkt, der das apostolische Zeitalter auszeichnete, war die Tatsache, daß das Neue Testament in der heutigen Form noch nicht vorlag. Die Lehren von Jesus hätten also leicht vergessen oder entstellt werden können. Zwar gab der Heilige Geist einigen Christen Weissagungen und Offenbarungen als Überbrückung, bis die ganze Botschaft des Neuen Testaments endgültig niedergeschrieben werden konnte, aber es gab noch viele Betrüger und falsche Lehrer. Sie waren nur darauf aus, ihr eigenes Ich zu befriedigen, und lauerten wie Wölfe darauf, über die Herde Gottes herzufallen und sie in die Irre zu leiten. Da es das Neue Testament als absoluten Maßstab noch nicht gab, waren die Apostel von Gott beauftragt, über die Gemeinde zu wachen und sie vor Irrtum zu bewahren.

Doch wie sollten sich die wahren Apostel Jesu Christi als echt ausweisen, wenn so viele falsche Apostel umherliefen? Paulus beantwortet diese Frage in seinen Briefen an die Gemeinde in Korinth. Er sagt, sie könnten ihn an seinem Wandel und den Früchten seines Dienstes prüfen. Die entscheidende Aussage finden wir in 2. Korinther 12,12: „Die Zeichen eines Apostels sind unter euch gewirkt worden in aller Geduld, in Zeichen, Wundern und Kräften." *Die Wunder hatten den ausdrücklichen Zweck, die Aufmerksamkeit auf diese Männer zu lenken, die Gott dazu bestimmt hatte, seine Gemeinde zu gründen und zu leiten.* Ihnen verlieh Gott noch zusätzlich Vollmacht, indem sie nicht nur selbst Wunder taten, sondern diese Gabe auch anderen vermitteln konnten. Offensichtlich geschah das nicht durch Leute, die sich fälschlich als Apostel ausgaben.

„Besondere Männer für eine besondere Zeit", faßte Steve zusammen. „Das waren die Apostel. Ja, es wird uns in Epheser 2,20 sogar gesagt, daß die ganze Gemeinde aufgebaut wurde: „... auf der Grundlage der Apostel und Propheten, wobei Christus Jesus selbst Eckstein ist."

Nun, das ist schon eine besondere Ehre und Auszeichnung, die uns übrigen nicht zuteil wird. Sieh dir mal alle diese Bücher an, die über das Thema Heilung geschrieben wurden", sagte Steve und deutete auf das Regal über meinem Schreibtisch. Er nahm eins herunter und sagte: „Das hier habe ich auch gelesen. Ich möchte dir darin mal etwas zeigen." Er schlug eine bestimmte Stelle auf.

„Sieh einmal, hier zitiert der Verfasser die Worte, die Jesus in Matthäus 10,8 an seine zwölf Jünger richtete: 'Heilet Kranke, weckt Tote auf, reinigt Aussätzige, treibet Dämonen aus! Umsonst habt ihr es empfangen, umsonst gebt es.'" Sein Finger bewegte sich weiter zum nächsten Abschnitt.

„Hier unten will er mit diesem Vers beweisen, daß wir dasselbe tun sollen. Joni, wenn die Worte, die Jesus hier sagte, direkt für uns gelten würden, müßten wir alle Toten auferwecken!

Noch etwas. Für wie wichtig wir die Wunder für die damaligen Christen im Gegensatz zu uns heutigen auch immer ansehen mögen, eins ist sicher: Wir können nicht das, was Gott gestern tat, als Grund dafür annehmen, daß er heute dasselbe tun muß. Wenn es so wäre, müßte er bewirken, daß sich unsere Kleider und Schuhe nicht abnutzen, denn das tat er für die Israeliten während ihrer Wüstenwanderung!"

Allmählich leuchtete mir die Sache ein: Wir können zwar viel aus den Berichten über die Taten der Apostel lernen, doch bedeutet das nicht unbedingt, daß wir alles tun können, was sie getan haben. Gott hat sie der Gemeinde zu einer Zeit geschenkt, in der sie dringend gebraucht wurden. Wir sollten deshalb nicht enttäuscht und neidisch sein, weil wir nicht alles tun können, was die Apostel taten, sondern die Weisheit des Herrn preisen, der ihnen in dieser Lage besondere Gaben schenkte und der uns für unsere besondere Lage besondere Gnade gibt.

Weder Steve noch ich hatten gemerkt, wie die Zeit vergangen war. Es schneite nicht mehr, das Feuer war ausgegangen, und ich hätte schon längst

174

im Bett sein sollen. Steve gähnte, reckte sich und stand auf, um sich zu verabschieden.

Er hob unsere leeren Colaflaschen auf und sagte dann nach einer Weile: „Joni, dieses Gespräch war für mich nicht einfach. In all diesen Jahren, seit ich dich kenne, habe ich mich mit diesen Fragen wirklich hart auseinandergesetzt. Wenn es irgendwo in der Welt einen Menschen gibt, der sich darüber freuen würde, wenn du wieder gehen könntest, dann bin ich es."

„Das weiß ich", versicherte ich ihm.

„Ich will nicht, daß du einfach alles schluckst, was ich dir heute abend gesagt habe. Ich bitte dich nur, betend und unvoreingenommen darüber nachzudenken."

Und mehr möchte ich auch von meinen Lesern nicht verlangen.

14

GEBETE UND VERHEISSUNGEN

Aber die Verse, die wir in der kleinen Holzkapelle gelesen hatten, schienen doch so eindeutig zu sein! Ich meine all die biblischen Verheißungen, die den Gläubigen zu garantieren scheinen, daß *alle* ihre Gebete erhört werden, auch die Gebete um Heilung. Können Sie sich noch erinnern?

„Und was ihr auch in meinem Namen bitten werdet, will ich tun, auf daß der Vater verherrlicht werde in dem Sohne. Wenn ihr etwas in meinem Namen bitten werdet, so werde ich es tun" (Johannes 14,13-14).

„Wahrlich, ich sage euch, wenn jemand zu diesem Berge spräche: Hebe dich und wirf dich ins Meer, und in seinem Herzen nicht zweifelte, sondern glaubte, daß das, was er sagt, geschieht, so wird es ihm zuteil werden" (Markus 11,23-24).

„Ich vermag alles durch den, der mich stark macht" (Philipper 4,13).

Und damit sind wir bei Punkt drei und vier von Kapitel elf. Wir haben Verheißungen in der Heiligen Schrift, daß wir alles bekommen, was wir im Namen Jesu erbitten – einschließlich Gesundheit und Heilung.

Das sind überwältigende Verheißungen, aber sie werfen ein Problem auf. Seien Sie ehrlich, wann haben Sie tatsächlich gesehen, daß sich ein Berg ins Meer warf? Gläubige Christen beten im Glauben und im Namen Jesu für viele Dinge, die nie eintreffen. Wenn sie keine Antwort auf ihre Gebete bekommen (das heißt, wenn die Antwort „nein" lautet), was sollen wir dann mit solchen Versen wie den oben erwähnten machen? Wir können sie nicht einfach umgehen oder versuchen, eine Bedeutung in sie hineinzulegen, die uns bequemer erscheint. Doch wenn wir diese Verse in unserem Zimmer aufhängen und sie als wörtliche Verheißungen Gottes nehmen, daß alle unsere Gebete erhört werden, kann es sein, daß wir bitter enttäuscht werden. Ich gebe zu, daß ich manchmal das Gefühl hatte und habe, als ob meine Gebete geradezu an der Decke abprallten und nie zu Gott durchdrängen. Haben Sie das auch schon empfunden?

Nun, ich weiß nicht, was Gott dazu veranlaßt, manche Gebete zu erhören und andere nicht. Vielleicht erfasse ich die Bedeutung dieser Verse auch nicht in ihrer ganzen Tiefe. Aber ich habe festgestellt, daß es eine große Hilfe ist, wenn man verschiedene Schriftabschnitte miteinander vergleicht und so eine Stelle durch eine andere beleuchtet. Gott sagt tatsächlich fest zu, daß er Gebete erhört. Als Jesus seinen Jüngern diese Verheißung gab, sagte er mit anderen Worten: „Seht, ich gebe euch eine Aufgabe, und ich verspreche euch, ihr werdet alles bekommen, was ihr braucht, um sie auszuführen. Wenn euch ein Berg im Weg ist, bittet mich, dann werde ich ihn wegschaffen." Und diese Apostel sahen wirklich Berge weichen, als sie den Lauf der Geschichte veränderten!

Aber ich habe auch entdeckt, daß wir zwei Bedingungen erfüllen müssen, wenn Gott unsere Gebete erhören soll: Wir müssen in enger Gemeinschaft mit ihm leben, und unsere Bitten müssen mit seinem Willen übereinstimmen.

Gemeinschaft mit Gott

Als ich noch aufs Gymnasium ging, neigte ich, wie viele Christen, zu der Ansicht, ich sei der Mittelpunkt meines Lebens, und nicht Gott. O ja, ich glaubte an Jesus Christus als meinen Erlöser, und ich versuchte mehr oder weniger, zu tun, was recht war. Aber wenn ich an Gott dachte, war doch meine Hauptüberlegung: „Was kann er für *mich* tun? Welchen Vorteil habe *ich* davon, wenn ich Jesus Christus diene? Wie fühle *ich mich* nach einem Gottesdienst?" Natürlich übertrug sich diese Einstellung, Gott sei dazu da, um mich glücklich zu machen, auch auf mein Gebetsleben. Ich vergaß, daß Gott einen heiligen Wandel von seinen Kindern verlangt, und dachte: „Wenn Gott wirklich nur mein Bestes im Auge hat, wird er gewiß meine Gebete beantworten, auch wenn ich nicht gerade ein Engel bin."

Aber dann gab es eines Tages ein unsanftes Erwachen. Als ich einmal während meiner Andacht durch die Psalmen blätterte, stieß ich auf diesen Vers: „Wenn ich es in meinem Herzen auf Frevel abgesehen hätte, so würde der Herr nicht hören" (Psalm 66,18). Peng! Wie ist das möglich? Ich dachte doch, Gott erhört jedes Gebet! Mit den Jahren habe ich dann weitere Verse gefunden, in denen dasselbe zum Ausdruck kommt. Jakobus 5,16 sagt, daß das Gebet eines Gerechten viel vermag. Oh, in diesem Punkt kann ich beruhigt sein, tröstete ich mich. Da ich ja ein Kind Gottes bin, bin ich in Gottes Augen ohnehin gerecht, egal, wie ich lebe. Doch dann machte mich eines Tages jemand darauf aufmerksam, daß Jakobus in seinem ganzen Brief nicht von der Gerechtigkeit *vor dem Gesetz* spricht, die uns Gott gibt, sondern von der Gerechtigkeit *durch den Gehorsam,* den wir ihm erweisen sollen. Mit anderen Worten: Wenn ich wollte, daß Gott mich erhörte, sollte ich anfangen, auf ihn zu hören.

Petrus ergänzt die Aussage des Jakobus, indem er die Ehemänner ermahnt, ihren Frauen mit Achtung zu begegnen. Er gibt dabei den Grund an: „. . . damit eure Gebete nicht verhindert werden" (1.Petrus 3,7). Denken Sie daran, daß Petrus dabei war, als Jesus all diese erstaunlichen Verheißungen in den Evangelien gab. Und doch hat er die Worte Jesu nicht so aufgefaßt: „Das Gebet ist wie ein Blankoscheck. Sooft ihr wollt, braucht ihr nur den Betrag einzutragen – gleichgültig, wie euer geistlicher Zustand ist – ich werde dann den Scheck für euch einlösen!" Nein, Gott verspricht nur, daß treue Christen, die ihn „anrufen", sofort „durchkommen". Zurückgefallene Gläubige können sich auf ein Besetztzeichen gefaßt machen, es sei denn, sie rufen an, um zu sagen: „Ich habe gesündigt! Es tut mir leid."

Jesus selbst erklärte in Johannes 15,7, wie er seine Verheißungen verstand: „*Wenn ihr in mir bleibt und meine Worte in euch bleiben,* möget ihr bitten, was ihr wollt, so wird es euch widerfahren."

Mit *in mir bleiben* meint er einen beständigen Wandel in seiner Nähe, kein gelegentliches geistliches Hochgefühl.

Als ich noch zur Schule ging, machten wir im Turnunterricht jeden Herbst ausgedehnte Waldläufe. Wenn der Startpfiff ertönte, rannten die meisten von uns entspannt los und hatten bald das Tempo gefunden, das sie über die ganze Entfernung beibehalten konnten. Aber es waren immer ein paar dabei, die wie aus der Pistole geschossen, losrasten. Bevor der große Haufe um die Kurve herum war, waren sie einige hundert Meter weiter gelaufen. Doch sehr bald holten wir sie ein, wenn sie langsamer wurden, um Atem zu holen. Dann überholten sie uns erneut und fielen bald zum zweiten Mal zurück. Am Ende schnitten die Läuferinnen, die ein gleichmäßiges Tempo beibehalten hatten, am besten ab.

Ebenso ist es im geistlichen Leben. Wenn wir in einem plötzlichen geistlichen Rausch davonrasen, bedeutet das nicht unbedingt, daß wir „in Jesus Christus bleiben". Plötzlicher Eifer ist nicht schlecht, aber er kann täuschen. Aus eigener Erfahrung weiß ich, daß wir in einer Woche „Superchristen" sein können und in der Woche darauf Feiglinge. Gott verheißt denen die Erhörung ihrer Gebete, die beständig mit ihm wandeln, und das bedarf einer gewissen Reife. Natürlich erleben alle Christen ein Auf und Ab. Ich meine also nicht Vollkommenheit. Der beste Christ erreicht dieses Ziel noch längst nicht. Und da Gott so gnädig ist, mag er uns manchmal sogar erhören, auch wenn wir nicht mehr in enger Gemeinschaft mit ihm sind. Doch je beständiger unser Leben mit Jesus Christus gelebt wird, desto eher können wir erwarten, daß unsere Gebete erhört werden.

Jesu Aufforderung, in ihm zu bleiben, war keine allgemeine Redensart. Er sagte ganz genau, was er damit meinte: „... und [wenn] meine Worte in euch bleiben... ". Das bezieht sich nicht nur auf die Worte, die er tatsächlich während seines Erdenlebens gesprochen hat und die in manchen Bibeln fett gedruckt sind. Jesus Christus meinte hier die gesamte Bibel, denn sein Geist hat die ganze Heilige Schrift inspiriert. Wir brauchen keinen theologischen Doktortitel und kein Bibelschuldiplom, damit die Worte Jesu Christi in uns bleiben. Es bedeutet ebensowenig, daß wir eine ganze Litanei von biblischen Namen und Orten auswendig lernen sollen, um ein Bibelquiz zu gewinnen, wenn uns jemand mit der Frage verblüffen will: „Wer war die Schwiegermutter des Zacharias?" Man kann in der Bibel und der Theologie bestens beschlagen sein, ohne im Herzen erfaßt zu werden. Ich denke, Jesus wollte damit sagen, daß wir uns in unseren Gedanken immer wieder mit der Heiligen Schrift beschäftigen sollen, um Mittel und Wege zu finden, wie wir Gott noch mehr erfreuen und loben können. Das war auch Davids Haltung, wenn er schrieb: „Ich habe dein Wort in meinem Herzen geborgen, auf daß ich nicht an dir sündige" (Psalm 119,11).

So ist das also. Wenn unsere Gebete erhört werden sollen, müssen wir mit Gott wandeln und in seinem Wort bleiben. Aber ich fürchte, viele von uns möchten einerseits gern so vollmächtige Gebete wie Paulus sprechen können, andererseits aber weigern sie sich, ein so diszipliniertes Leben wie Paulus zu führen. Bestimmt haben wir alle schon einmal den Fehler gemacht, daß wir so zu Gott gekommen sind, als wäre er ein großer geistlicher Verkaufsautomat im Himmel: man wirft ein Gebet ein, und die Antwort kommt heraus. Aber Gott ist keine Maschine; er ist eine Persönlichkeit.

Meine Schwester Kathy kann ihre Schwester Jay ohne weiteres fragen: „Kannst du mir heute abend mal dein Auto leihen?" Denn Kathy steht Jay nahe, liebt sie und hat ein gutes Verhältnis zu ihr. Aber wenn sich jemand als „Freundin" von Jay ausgibt, die seit zwei Jahren nicht mehr angerufen hat und eines Tages zufällig mal vorbeikommt, dann darf die Betreffende nicht erwarten, daß Jay ihr das Auto leiht.

Schon im zwischenmenschlichen Bereich ist das so. Und bei Gott erst recht. Wir können nicht erwarten, daß er unsere Gebete erhört, wenn wir nur zu ihm gelaufen kommen, sobald wir etwas von ihm wollen oder Schwierigkeiten haben. Selbst wenn wir in seiner Nähe leben, haben wir kein Recht, eine Heilung oder irgend etwas anderes zu verlangen. Weil wir leben, um Gott zu dienen, und nicht umgekehrt, sollten wir ihm unsere Bitten in Demut vortragen und uns dabei seine Größe und Heiligkeit stets vor Augen halten. Dann wird es so sein, wie der Apostel Johannes sagt: „. . . und was wir bitten, empfangen wir von ihm. . . ", aber nicht, weil wir es verlangen, sondern „. . . weil wir seine Gebote halten und tun, was vor ihm wohlgefällig ist" (1.Johannes 3,22).

Gottes Wille.

Aber wie sieht es aus, wenn Sie ein Kind Gottes und wirklich bestrebt sind, in Jesus Christus zu bleiben, und dennoch krank sind? Vielleicht haben Sie einen Schnupfen oder Leukämie. Aber nach vier Heilungsversammlungen und zahlreichen Gebeten und Tränen sind Sie immer noch krank. Was stimmt dann nicht? Vielleicht konnten Sie, als ich berichtete, daß ich nicht geheilt wurde, mitempfinden, weil auch Sie von Schuldgefühlen geplagt werden, weil nichts geschehen ist. Vielleicht haben Sie sich aufrichtig geprüft, ob in Ihrem Leben irgendwelche verborgenen Sünden sind, bis Sie beinahe welche erfunden haben, nur um sie bekennen zu können und geheilt zu werden. Es könnte sein, daß einige Seiten ihrer Bibel ganz zerlesen sind, weil Sie dort verschiedene Verheißungen unterstrichen haben. Wie oft haben Sie diese Verse Gott vorgelesen! Zwar haben Sie stürmisch das Himmelstelefon betätigt und Gott versprochen, alles zu tun, wenn er Sie nur heile, doch die Antwort ist – Schweigen.

Wenn es Ihnen so geht, sind Sie nicht allein; Tausende von Christen sind in derselben Lage. Ich habe tiefes Mitleid mit ihnen; denn ich weiß genau, wie es ist, wenn wohlmeinende Geschwister leise Andeutungen machen, man sei an seinem Zustand selbst schuld.

Aber nachdem ich überall nach dem Grund gesucht hatte, warum meine Gebete um Heilung nicht beantwortet wurden, war ich gezwungen, zum Worte Gottes zurückzukehren und es genauer zu betrachten. Da fand ich etwas, was mir über die göttliche Heilung manche Klarheit verschaffte. Aber auch die Frage, warum Gotteskinder leiden, lernte ich in einem anderen Licht sehen. Es ist eigentlich ganz einfach. Wenn Sie alles unternommen haben, um geheilt zu werden, sich aber nichts verändert hat, *sollten Sie sich einmal klarmachen, daß Gott in seiner Weisheit Sie in Ihrem gegenwärtigen Zustand haben will.*

Sehen Sie, derselbe Apostel Johannes, der die Verheißung Gottes niederschrieb, daß alles, was wir im Namen Jesu erbitten, in Erfüllung gehen werde (Johannes 14,13), sagte auch, daß Gott an diese Verheißung eine Bedingung knüpfte. In 1. Johannes 5,14 heißt es: „Und dies ist die Zuversicht, die wir zu ihm haben, daß er uns hört, wenn wir *nach seinem Willen* bitten."
Nicht das, was wir gern hätten, sollen wir erbitten, auch nicht das, was uns das Leben erleichtern würde, nicht einmal das, was uns Gott wohlgefällig erscheint, sondern einzig und allein das, was wirklich *nach seinem Willen* ist. Wenn Gott unsere Gebete erhören soll, müssen sie mit seinem Willen übereinstimmen.

Aber warum in aller Welt sollte es Gottes Wille sein, einem seiner Kinder die Bitte um Heilung abzuschlagen? In gewisser Hinsicht beschäftigt sich dieses ganze Buch genau mit dieser Frage. Die Heilige Schrift berichtet, daß aus dem Leiden viel Gutes erwachsen kann. Schmerzen und Unannehmlichkeiten lenken unseren Sinn von den vergänglichen Dingen dieser Welt ab, und wir werden gezwungen, über Gott nachzudenken. Wir lesen dann häufiger und aufmerksamer in seinem Wort. Prüfungen stoßen uns von unserem hohen Sockel herunter und führen uns dazu, Gott zu vertrauen (2. Korinther 1,19).

Wenn wir in der Abhängigkeit von Gott leben, lernen wir ihn besser kennen. Unsere Probleme geben uns Gelegenheit, selbst dann Gott zu preisen, wenn es uns schwerfällt. Darüber freut er sich, und für die unsichtbare Welt ist es ein Beweis seiner Größe, daß er solche Treue in uns bewirken kann. Außerdem haben wir dadurch einen Maßstab, an dem wir unsere Hingabe messen können.

Zuweilen dient die Krankheit auch als Zuchtmittel Gottes, um uns aus unserem Sündenschlaf aufzuwecken (1. Korinther 11,29-30; 1. Petrus 4,1). Das ist für uns ein Beweis seiner Liebe; denn jeder Vater, der seine Kinder liebt, züchtigt sie (Hebräer 12,5-6). Gelegentlich schickt uns Gott auch Leiden, damit wir andere Leidende besser trösten können. So könnte ich die Liste fortsetzen. Auf jeden Fall sollten wir bedenken, daß Gott seinen Sohn durch Leiden vollkommen machte, als er auf der Erde war (Hebräer 2,10). Deshalb müssen wir uns die Frage stellen: „Sollte ich weniger erwarten?"

Manchmal schaudert es mich bei dem Gedanken, wo ich wohl heute wäre, wenn ich mir nicht das Genick gebrochen hätte. Zuerst konnte ich es nicht einsehen, warum Gott das überhaupt zugelassen hat, aber jetzt verstehe ich es ganz gut. Durch meine Lähmung kann ich ihn viel mehr verherrlichen als durch meine Gesundheit! Glauben Sie mir, ich fühle mich deswegen unendlich reich.

Wenn Gott beschließt, Sie auf Ihre Gebete hin zu heilen, ist das wunderbar. Danken Sie ihm dafür!

Aber wenn er Sie nicht heilen will, danken Sie ihm dennoch. Sie dürfen überzeugt sein, daß er seine Gründe dafür hat.

Ich kann mir vorstellen, daß jetzt jemand einwendet: „Aber Joni, wenn wir so denken und gar nicht damit rechnen, daß Gott uns heilt, wird er es auch nicht tun! Ein Gebet um Heilung mit den Worten abzuschließen: ' ... wenn es dein Wille ist', weist in Wirklichkeit doch auf einen Mangel an Glauben hin. Sollten wir uns nicht bemühen, an den Punkt zu kommen, wo wir in so enger Gemeinschaft mit Gott leben, daß wir einfach irgendwie spüren, was er in jedem einzelnen Fall will, um dann voll Glauben und Vertrauen zu beten? Doch die Bibel gibt uns ein ganz anderes Bild von unserem Gott. Er steht so hoch über uns, daß wir ihn nie erfassen können: „O welch eine Tiefe des Reichtums, der Weisheit und der Erkenntnis Gottes! Wie unergründlich sind seine Gerichte und unausforschlich seine Wege! Denn wer hat des Herrn Sinn erkannt, oder wer ist sein Ratgeber gewesen?" (Römer 11,33-34).

Die Schreiber des Neuen Testaments behaupteten nicht, sie hätten immer den Sinn Gottes erkannt. Jakobus ermahnt uns, wir sollen nicht sagen: „Heute oder morgen wollen wir in die und die Stadt gehen und dort ein Jahr zubringen und Handel treiben und Gewinn machen" (Jakobus 4,13). Vielmehr sollen wir diese Haltung einnehmen: „Wenn der Herr will und wir leben, werden wir auch dieses oder jenes tun" (Jakobus 4,15). Als Paulus einmal von einigen Christen gebeten wurde, in Ephesus zu bleiben, um sie weiter zu unterrichten, tat er nicht so, als könne er die Gedanken Gottes lesen, sondern sagte lediglich: „Ich werde, wenn Gott will, wieder zu euch zurückkehren" (Apostelgeschichte 18,21).

Wir machen so leicht Fehler und mißdeuten den Willen Gottes. Das ist der Hauptgrund, weshalb wir in der Haltung beten sollen: „Wenn es dein Wille ist". Unzählige Male habe ich mir eingeredet, meine Gebete würden Gott verherrlichen, während in Wirklichkeit ein egoistischer Beweggrund dahinter stand. „Mein Gott, hilf mir, daß ich mich nicht lächerlich mache, wenn ich im Rethorikunterricht meine Rede halten muß. Denn sonst denken die anderen, alle Christen seien komische Käuze, und das schadet doch deinem Ruf!" Nun, wenn mir wirklich die Ehre Gottes ein Anliegen gewesen wäre, wäre mein Gebet ja in Ordnung gewesen. Aber im Grunde meines Herzens dachte ich wohl etwas anderes: „Mein Gott, hilf mir, daß ich diese Rede nicht verpatze, denn ich möchte mich keinesfalls blamieren." Sicher wußte Gott, daß es *in Wirklichkeit* meine egoistische Haltung war, die seinem Ruf schadete, und daß eine miserable Rede seinen Zwecken eher entspräche als die Erhörung meines Gebetes.

Aber unsere Beweggründe brauchen nicht immer aus dem Egoismus oder einer anderen Sünde zu stammen, um den Plan Gottes zu mißdeuten. Wir können in aller Aufrichtigkeit Fehler machen. Ich möchte das an einem Beispiel erläutern.

Vor etwa einem Jahr kam ein gut aussehender, dunkelhaariger junger Mann, Mitte zwanzig, an unsere Tür und wollte mich sprechen. Ich hatte ihn noch nie gesehen. Meine Schwester Jay bat ihn herein und ließ uns beide allein im Zimmer. In der nun folgenden peinlichen Unterhaltung erfuhr ich, daß er die ganze Strecke von seinem Wohnort im Südwesten der USA bis zu uns gefahren war, nur um mich zu besuchen. Sichtlich nervös erzählte er mir, daß Gott ihm offenbart habe, ich solle seine Frau werden und er solle mir einen Heiratsantrag machen. Nach seiner Meinung war es eindeutig Gottes Wille, daß wir heirateten. Er war ziemlich verblüfft, als ich ihm sagte, daß er merkwürdigerweise wohl schon der zehnte Mann sei, den „Gott" in den letzten zwei Jahren „beauftragt hatte", mir einen Heiratsantrag zu machen. Hatte Gott ihn irregeführt?

Nein. Zu diesem Schluß kamen wir, nachdem wir uns eine Zeitlang darüber unterhalten hatten. Gott ist kein Gott der Verwirrung. Er führt uns nicht in die Irre, aber wir mißdeuten manchmal seine Fingerzeige. Dann unterhielten wir uns über bessere Möglichkeiten, den Willen Gottes zu erkennen, Zum Beispiel können wir Grundsätze aus seinem Wort anwenden, bei erfahrenen Christen Rat holen und abwarten, welche Türen Gott schließt und welche er öffnet. Als der junge Mann sich verabschiedete, war ihm sichtlich wohler. Er war überzeugt, Gott hatte ihm keinen Streich gespielt, und so fuhr er mit dem Gefühl nach Hause, daß sich die Fahrt doch gelohnt hatte, denn er hatte etwas dazugelernt.

Es bedarf wahrer Demut und Selbstverleugnung, unsere Bitten um Heilung vor Gott zu bringen und ihm dann bereitwillig die Antwort zu überlassen. Jesus war uns auch in dieser Beziehung ein großes Vorbild. In Gethsemane sehnte er sich danach, den Schrecken des Kreuzes auszuweichen. Er betete: „Vater, wenn du willst, so nimm diesen Kelch von mir!" Aber der nächste Satz ermöglichte die Erlösung der Menschheit: „Doch nicht mein, sondern dein Wille geschehe!" (Lukas 22,42). Im Namen Jesu zu beten bedeutet, zumindest teilweise, in dem Geist zu beten, in dem Jesus in seiner schwersten Stunde betete. Wir dürfen Gott unsere Bitten unterbreiten, doch die Antwort sollten wir ihm überlassen.

Zusammenfassung

Jesus gab seinen Jüngern wunderbare Verheißungen: Er wollte ihnen alles geben, was sie benötigten, um das Werk Gottes auf der Erde auszuführen. Aber die eigenen Worte Jesu und auch die übrige Heilige Schrift lassen keinen Zweifel darüber, daß an jede Gebetserhörung mindestens zwei Bedingungen geknüpft sind: Der Beter muß in Jesus bleiben, und seine Bitte muß dem Willen Gottes entsprechen. Da es Gott gefallen hat, uns nicht seinen ganzen Willen zu offenbaren, müssen wir unsere Bitten ihm überlassen und abwarten, was er zu tun für richtig hält. Und wenn es ihm gefällt, unsere Bitte abzulehnen? Nun, es gibt verschiedene Möglichkeiten, „Berge zu versetzen." Das Neue Testament betont, daß Gott gern schwache Gefäße (Menschen) für sein Werk benutzt, damit die Ehre nicht ihnen, sondern ihm zuteil wird. Angesichts des geistlichen Gewinns, den uns Not und Krankheit bringen, mag es Gott so wollen, daß gerade unsere Krankheit das Mittel ist, durch das er die Berge, die auf unserem Weg liegen, wegräumt. Mit unserem Wachstum im Glauben ändert sich auch die Art, wie wir die Dinge beurteilen. Einst dachten wir, Gott könnte sich nur verherrlichen, wenn er unsere Leiden wegnähme. Doch jetzt erkennen wir, daß er sich auch *durch* unsere Leiden verherrlichen kann.

Heilungen und andere Wunder Gottes hatten zwar in den Tagen Jesu und seiner Apostel einen *besonderen* Platz. Das bedeutet natürlich nicht, daß sie heute *überhaupt nicht* mehr vorkommen. Als Reaktion auf die extreme Haltung, „Gott will jeden heilen", haben sich viele von uns dem anderen Extrem, nämlich Gott heilt nie, zugewandt. In diesem Fall ist das, was wir irrtümlich mit „Nüchternheit" bezeichnen, wahrscheinlich nichts anderes als Unglaube. Wir haben nicht, weil wir nicht bitten.

Aber das bedeutet nicht, daß Gott verpflichtet wäre, uns jedesmal, wenn wir um Heilung bitten, zu erhören. Selbst zur Zeit der Apostel hatten gläubige Christen manchmal Krankheit zu ertragen. Der Apostel Paulus, den Gott gebraucht hatte, um viele zu heilen, mußte auf einer Reise seinen Freund Trophimus krank in Milet zurücklassen (2. Timotheus 4,20). In 1. Timotheus 5,23 redete Paulus seinem Freund Timotheus zu: „... gebrauche ein wenig Wein um deines Magens willen und wegen deiner häufigen Krankheiten." Er sagte nicht: „Bete um Gesundheit" oder „Komm einmal wegen dieser Sache zu mir." Statt dessen riet er ihm: „Nimm etwas dafür." Kinder Gottes sollen um Heilung beten, aber sie sollen nicht denken, es müsse unbedingt etwas nicht in Ordnung sein, wenn Gott ihre Bitte ablehnt.

Schließlich sollten wir uns nichts vormachen und meinen, Wunder seien *die* Waffen, um eine sündige

190

Welt zu überzeugen. Jesus wurde am Ende seines Lebens, nachdem er zahllose Wunder getan hatte, am Kreuz verspottet: „Ist er der König Israels, so steige er nun vom Kreuz herab, so wollen wir ihm glauben!" Bevor Jesus ans Kreuz ging, sagte er seinen Jüngern, daß ihre Generation besondere Schuld treffe, weil sie viele Wunder gesehen und doch im großen und ganzen ihm nicht geglaubt hatte (Johannes 15,24). Feststeht, daß selbst das gewaltigste göttliche Zeichen nicht den Sinn eines Menschen ändern wird, der sein Herz durch die Sünde gegen Gott verhärtet hat. Das kann nur der Heilige Geist. Erinnern Sie sich noch daran, wie ich in einem früheren Kapitel davon erzählte, wie mir ein Buch von meinem Schreibtisch fiel? Nun, ich kann es immer noch nicht aufheben. Es wäre gewiß schön, wenn ich meine Hände wieder gebrauchen könnte, so daß ich es aufheben könnte. Aber dieser Wunsch wird immer schwächer. Denn meine Lähmung hat mich näher zu Gott gebracht und mich in geistlicher Hinsicht geheilt. Und diese Heilung möchte ich nicht gegen hundert Jahre in voller Gesundheit eintauschen.

Wenn die Mosaiksteinchen nicht zusammenpassen wollen

15

GOTTES GEDANKEN SIND HÖHER
ALS UNSERE GEDANKEN

Im ersten Jahr meines Krankenhausaufenthaltes habe ich manchmal mit Hilfe eines Mundstücks die Bibel durchgeblättert. Ich habe wohl ein wenig dabei gelernt, aber das Bibellesen war für mich hauptsächlich ein Zeitvertreib – genauso wie Fernsehen oder Radio hören. Erst als ich nach Hause kam, beschäftigte ich mich ernsthaft mit dem Wort Gottes. Der Unterschied zu dem früheren oberflächlichen Bibellesen war wie Tag und Nacht. Als ich meine Behinderung aus göttlicher Sicht sah, konnte ich allmählich die Steinchen meines Leidensmosaiks zusammensetzen. Ich bekam einen Vorgeschmack echter Weisheit. „Wenn ich so weitermache", überlegte ich, „werde ich vielleicht eines Tages vollkommen weise sein und Gottes Gedanken in allem, was kommt, verstehen können."

Doch im weiteren Verlauf meines Glaubenslebens erkannte ich, daß das nicht möglich ist. Oft war es offensichtlich, daß eine besondere Prüfung zu meinem Besten diente. Doch manchmal lag es nicht so klar auf der Hand. Zum Beispiel wußte ich, daß wir durch Prüfungen im Glauben wachsen sollen. Aber an manchen Tagen kamen die Probleme stapelweise, so daß sie mich zu erdrücken drohten, selbst wenn ich sie aus der Hand Gottes nahm. Ich sagte mir: „Der Herr verheißt doch, daß Tage wie dieser letzten Endes zu meinem Besten dienen werden, aber *wie* nur?" Das war mir einfach nicht klar.

Aber das war nicht alles. Zu meinen eigenen schmerzlichen Erfahrungen hörte ich auch von anderen, die Prüfungen zu ertragen hatten, für die ich keine Erklärung fand. Die Leute schrieben mir von Problemen, die ich einfach nicht verstehen konnte, auch nicht anhand der Bibel. Gewiß, in mancher Hinsicht konnte ich sie verstehen. Ich kannte die verschiedenen Stellen in der Heiligen Schrift, die darauf hindeuten, warum Gott uns leiden läßt. Aber wie sollte ich die richtige Erklärung auf die jeweilige Prüfung finden? Das stellte ein besonderes Problem für mich dar. Was hätten Sie zum Beispiel dem Mädchen geantwortet, das mir den folgenden Brief schrieb?

„Liebe Joni!

... Mein Vater starb, als ich zwei Jahre alt war, und meine Mutter ist nun schon seit einem Jahr sehr schwer an Krebs erkrankt ... Ich suche zu verstehen, warum Gott das zugelassen hat. Manchmal tue ich nichts anderes, als mir darüber den Kopf zu zerbrechen, wie es sein wird, wenn Mama stirbt und ich allein bin. Ich habe versucht, Gott näherzukommen und will deshalb nicht mit ihm hadern. Jesus Christus ist mein Herr und Heiland, aber ich bin so niedergeschlagen, wenn ich sehe, wie Mama leiden muß, daß ich mich nur mit Mühe lang genug konzentrieren kann, um sein Wort zu lesen und zu überdenken. Es sieht so aus, als wäre ich zu nichts anderem mehr fähig, als zu schlafen, herumzusitzen und fernzusehen."

Ich konnte diesem Mädchen einige hilfreiche Ratschläge erteilen, wie sie Gott in ihrer Lage verherrlichen könnte. Aber wie sollte ich ihr den Zweck ihrer Not erklären können? Wollte Gott sie durch ihre Prüfungen Jesus Christus ähnlicher machen, oder wollte er ihre Gedanken auf geistliche Dinge lenken? War es seine Absicht, sie zu einem Vorbild für die Engelwelt zu machen, oder sie zu befähigen, andere zu trösten? Ich könnte Vermutungen anstellen, aber die Antwort auf diese Fragen wußte ich nicht. Was für einen Grund Gott auch haben mochte, oberflächlich gesehen schien seine Absicht jedenfalls nicht in Erfüllung zu gehen.

Ja, manche Nöte, von denen die Leute mir schrieben, schienen der Sache Gottes sogar zu *schaden*.

„Liebe Joni!

Wenn ich Dir jetzt schreibe, darfst Du nicht denken, daß ich mich selbst bemitleide oder daß ich ein Atheist wäre. Ich dachte, nach dem Lesen Deines Buches bekäme ich endlich eine andere Sicht. Zwar bewundere ich Dich, wenn Du wirklich so glaubst, wie Du schreibst, doch ich kann die grausamen Dinge, die in Deinem Leben und in dem Leben meines Bruders geschehen sind, immer noch nicht verstehen.

Mein Bruder ist 26 Jahre alt und seit 1965 infolge eines Autounfalls an allen Gliedern gelähmt...
Wie Du war auch er sehr unternehmungslustig, bis der Unfall geschah. Da Du selbst gelähmt bist, weißt Du ja, was er durchgemacht hat.

Schließlich entschloß er sich, mit dem letzten,

was ihm geblieben war – seinem Verstand – etwas zu unternehmen. Er studierte Psychologie im Fernstudium, arbeitete als Assistent für den Gouverneur von Indiana und wollte die Universität von Ohio besuchen, um noch weiter zu studieren. Schon nach zwei Wochen verlor er seine Arbeitsstelle, weil die Krankenkasse seine Arztrechnungen nicht bezahlen konnte, wenn er arbeitete. Er *wollte* aber arbeiten, um nicht von anderen Leuten abhängig zu sein. Auch wollte er, wie Du, nicht bemitleidet werden.

Ich spreche in der Vergangenheitsform, denn mein Bruder liegt seit Oktober 1976 infolge eines grotesken Unfalls bewußtlos im Krankenhaus. Bis dahin hatte er immer noch einen klaren Verstand. Nun hat es jemanden gefallen, ihm auch noch seinen Verstand zu nehmen. Wenn Du den Eindruck hast, das sei gerecht oder nützlich, dann hilf mir doch bitte, den Sinn dieses Elends zu verstehen."

Alle Erklärungen, die ich diesem jungen Mann hätte geben können, wären wahrscheinlich nichtssagende und abgedroschene Redensarten gewesen. Und, um ehrlich zu sein, sie hätten mich im Grunde meines Herzens auch nicht befriedigt. Manchmal ist das Leid eines Menschen so groß, daß beim besten Willen kein Sinn darin zu finden ist. Dieses Gefühl überkam mich auch, als ich folgenden Brief las, den mir eine Frau geschrieben hat:

„Liebe Joni!
Ich bin 22 Jahre alt und an drei Gliedern gelähmt. Das ist 1968 passiert, nachdem mich meine Mutter auf den Kopf geschlagen hat. Sechs Operationen waren nötig, um mein Leben zu retten. Ein Jahr

lang war ich im Cook County Krankenhaus. Dann
wurde ich für anderthalb Jahre ins Rehabilitationszentrum von Chicago geschickt. Dann ging's weiter
ins Grant Krankenhaus, um an Armen und Beinen
operiert zu werden.

Achtmal war ich nun im Rehabilitationszentrum
und habe mich 22 Operationen unterziehen müssen.
Mein Zustand hat sich noch nicht geändert. Ich sitze in einem Rollstuhl, habe keine Familie und ver-
sorge mich selbst. Ich habe Dein Buch gelesen und
möchte gern wissen, wie ich mit meinen Depressionen fertig werden kann. Ich habe nicht viel Glauben an Gott. Letzten Endes kann ich mich mit meinem Schicksal einfach nicht abfinden. Sage mir bitte, wie Du darüber denkst."

Allmählich fragte ich mich: „Werde ich jemals
wirklich weise werden, so daß ich die Absichten
Gottes in solch schweren Lebensführungen erkennen kann?" Mein Freund Steve machte mir das
Problem nicht leichter, als er mir erklärte, was seine
Cousine durchgemacht hatte. Diese junge Frau
wohnte bis vor kurzem in meiner Nähe. Sie berichtet aus ihrem Leben:

„Als meine Mutter erst sechzehn Jahre alt war,
drohte ihr ein Alkoholiker vom Ort, der ein paar
Jahre älter war als sie, er würde ihre Eltern umbringen, wenn sie ihn nicht heiratete. So willigte sie ein.
Er war wie ein Wahnsinniger, und wenn er betrunken war, schlug er sie gewöhnlich grün und blau.
Wir wuchsen in äußerst armseligen Verhältnissen
auf einer Farm in Tennessee auf.

198

Meine Mutter mußte in der Landwirtschaft schwer arbeiten, um uns immer etwas auf den Tisch stellen zu können. Ich erinnere mich noch, wie sie einmal uns Kinder zusammenrief und mit uns in die Wiesen hinter unserem Haus rannte. Ich dachte, Papa würde Cowboy und Indianer mit uns spielen und uns deshalb mit dem Gewehr verfolgen (ich war noch so klein). Aber als ich die Angst in Mamas Gesicht sah, wußte ich, daß es ernst war. Später in jener Nacht schlichen wir uns ins Haus zurück, als Papa eingeschlafen war und wir nichts mehr zu befürchten hatten. Als er dann wieder einmal betrunken war, stellte er uns alle an die Wand, richtete ein geladenes Gewehr auf uns und sagte, er werde uns eins nach dem anderen umbringen und dann sich selbst. Wenn nicht gerade ein Nachbar hereingekommen wäre und uns geholfen hätte, wären wir wohl heute nicht mehr am Leben. Mein Vater ertrank, als ich sieben Jahre alt war.

Auch nachdem meine Mutter wieder geheiratet hatte und wir nach Norden zogen, schien uns das Unglück zu verfolgen. Auch hier wurde Mama mit einem Gewehr bedroht. Zwei Jahre später, als sie in einem Laden arbeitete, wurde sie von drei Männern überfallen, gefesselt, geknebelt und in der Damentoilette eingeschlossen. Dann setzten sie ihr ein Messer an den Hals und sagten, sie würden sie umbringen, wenn sie einen Laut von sich gebe ... Seit neun Wochen liegt sie nun mit der Raynaudschen Krankheit im Krankenhaus. Bei dieser Krankheit werden die Hände und Zehen ganz schwarz und schmerzen wie bei Erfrierungen. Die ganze Zeit konnte sie vor Schmerzen nachts nicht richtig schlafen. Die Schmerzen sind so schlimm, daß sie es nicht einmal ertragen kann, wenn das Bettuch ihre Finger berührt. Als ihr linker Fuß schwarz wurde, sah es so aus, als müßte er amputiert werden, aber man konnte ihn retten.

Doch drei Finger ihrer linken Hand mußten bis zum ersten Gelenk abgenommen werden. Wir alle vertrauen dem Herrn weiterhin, aber es ist manchmal sehr schwer!"

Selbst der reifste Christ würde letztlich kaum ergründen können, welche Absichten Gott bei dieser Frau verfolgte. Aber das war noch nicht alles. Steves Cousine erzählte noch von ernsten Krankheiten und Operationen ihres Stiefvaters und von dem Unfall ihres Bruders, bei dem seine Schulter zerschmettert und sein linker Arm gelähmt wurde. Sie selbst hat Krebs und wurde wiederholt operiert. Doch was sie zuletzt erzählte, war noch schlimmer und fast nicht zu glauben. Es war an einem Vormittag im August 1975 auf ihrer Farm:

„Mein Mann Buddy und die Kinder waren eben zur Arbeit bzw. zur Schule weggefahren. Nachdem ich mich fertig angezogen hatte, stieg ich die Treppe hinunter und wollte durch die Küche zur Garage gehen. Ich erschrak, als ich in der Küche einen Mann sah, der sich über die Waschmaschine beugte. Aber als er sich umwandte, erkannte ich ihn: es war der junge Mann von der Farm, die vierhundert Meter von uns entfernt an der Straße lag. „Was machst du hier?" fragte ich erstaunt. Ich wunderte mich, daß er nicht geklopft hatte. Gewöhnlich bellen die Hunde, wenn ein Fremder kommt. Doch heute hatten sie es nicht getan. Aber er sagte kein

Wort, sondern starrte mich nur verstört an. Dann zog er ein Messer hervor und begann auf mich zuzugehen. Ich wich zurück und fing an zu schreien, aber er kam immer näher. Schließlich blieb er direkt vor mir stehen und stieß dann sein Messer in meine rechte Seite. Als ich fühlte, wie eine heiße Flüssigkeit herausfloß, legte ich die Hand auf die Wunde, damit ich nicht zuviel Blut verlor. Aber es hatte keinen Zweck, denn jetzt fing er an, wie wild auf mich einzustechen. Die ganze Zeit über schrie ich immer wieder: „Warum nur?! Warum nur?!" Als ich ein Küchenmesser holen wollte, um mich zu verteidigen, zog ich die Schublade zu weit heraus, so daß sie auf den Fußboden fiel. Das Schaurigste war wohl, als ich überall mein eigenes Blut sah. Ich stürzte zu Boden. Dann endlich – es kam mir vor wie eine Ewigkeit – ging er.

Mit größter Mühe rappelte ich mich auf, um mich zum Telefon zu schleppen. Erst als ich hörte, wie sich die Küchentür hinter mir öffnete, merkte ich, daß der Kerl in Wirklichkeit überhaupt nicht gegangen war, sondern draußen gewartet hatte, um zu sehen, was ich tun würde. Mir wurde schwarz vor den Augen. Ich wußte, daß ich es nie zum Telefon schaffen würde.

„Diesmal werde ich dich umbringen", sagte er sehr bestimmt. Dann hob er sein Messer und fing wieder an, auf mich einzustechen. Nachdem er mein Handgelenk aufgeschlitzt und mich hinten am Knie verletzt hatte, stieß er mir das Messer immer wieder in den Magen. Es war so schrecklich, daß ich es nicht beschreiben kann.

Er fragte mich, ob mein Mann zu Hause sei, und

ich sagte: „Ja, er kommt gerade die Treppe herunter." Aber als niemand kam, wußte er, daß ich gelogen hatte, und stürzte sich erneut auf mich. Mit letzter Kraft schrie ich: „Du hast mich doch schon umgebracht. Warum läßt du mich denn nicht in Ruhe?" Dann wischte er sich seelenruhig den Mund an seinem Ärmel ab, drehte sich um und ging.

Ich wurde immer schwächer, weil ich noch mehr Blut verlor, doch ich wußte, daß ich warten mußte, bis er endgültig weg war, bevor ich diesmal etwas unternahm. Als ich fast bewußtlos war, gab mir Gott die Kraft, auf die Füße zu kommen und zum Telefon zu taumeln. Ich wählte die entsprechende Nummer und konnte der Telefonistin gerade noch die wichtigsten Einzelheiten mitteilen, bevor ich das Bewußtsein verlor.

Später erfuhr ich, daß ich zwei Tage lang zwischen Leben und Tod geschwebt hatte. Man mußte mir die Milz entfernen und Leber, Bauchspeicheldrüse und Lunge zusammenflicken."

Steve erzählte mir, daß der Unmensch nur einen Monat in einer Jugendstrafanstalt (mit einem Mindestmaß an Sicherheitsvorkehrungen) eingesperrt war und dann in eine psychiatrische Anstalt überwiesen wurde, von wo er an den Wochenenden nach Hause fahren durfte. Vierzehn Monate später wurde er entlassen. Zwar hat Gott Steves Cousine erstaunliche Kraft gegeben, dem Kerl zu vergeben, doch nach drei Jahren spürt sie noch immer die Auswirkungen. Wenn sie nachts zur Toilette gehen will, muß sie zuerst ihren Mann wecken, weil sie sich fürchtet, allein durch den dunklen Flur zu gehen.

Als ich die Geschichte dieser jungen Frau hörte, war ich wie vor den Kopf geschlagen. Wie sollte man darin einen Sinn sehen? Sie wird die Folgen dieses Überfalls für den Rest ihres Lebens zu spüren haben. Zwar sagte sie, durch diese Sache sei ihre Familie enger zusammengewachsen und sie selbst sei dadurch Gott nähergekommen.

Aber wenn man diese Punkte auch als Erklärung dafür ansehen könnte, warum Gott das alles zugelassen hat, befriedigt sie im Grunde nicht. Diese Frau hatte ja vorher schon in Gemeinschaft mit dem Herrn Jesus gelebt, und ihr Familienleben war einwandfrei. Gottes Absicht konnte doch gewiß nicht nur darin bestanden haben, ihr ohnehin gutes Familienleben und ihr geistliches Leben noch etwas aufzubessern. Dazu hätte es nicht einer so schweren Prüfung bedurft.

Was wollte Gott damit erreichen? Auf diese schweren Fragen schien es keine Antwort zu geben.

Ich dachte, wenn man mit leidenden Menschen zu tun hat, sollte man auf solche Fragen eine Antwort haben. Aber wie sollte ich anderen helfen, zu verstehen, was ich selbst nicht verstand?

Ich bin Gott so dankbar, daß mir etwa zu jener Zeit ein Buch in die Hände fiel. Ich wage zu sagen, es zählt zu den besten, die ich je gelesen habe. Dieses Buch von J.I.Packer „*Gott kennen*" enthält ein kurzes Kapitel mit der Überschrift: „Gottes Weisheit und unsere Weisheit." Darin spricht der Autor davon, daß es für uns einfach unmöglich ist, hinter jedem Ereignis die Absichten Gottes zu erkennen. Er schreibt:

„Nun wird oft der Fehler gemacht, daß ... man

annimmt, die Gabe der Weisheit bestünde darin, Gottes Absicht hinter jeder seiner Taten zu erkennen und zu wissen, was er als nächstes zu tun gedenkt."

Wieso soll das ein Fehler sein? dachte ich. Ist es nicht Weisheit, immer die Gedanken Gottes ergründen zu können?

Die Gläubigen meinen, wenn sie wirklich mehr mit Gott verbunden wären, so daß er ihnen ungehindert seine Weisheit kundtun könnte, dann ... würden sie seine wahre Absicht hinter jedem Ereignis in ihrem Leben erkennen und es wäre ihnen in jedem Augenblick klar, wie Gott alle Dinge zum Guten für sie fügte. Wenn sie sich dann am Ende nicht zurechtfinden, führen sie es auf einen Mangel in ihrem geistlichen Leben zurück."

Genau das ist es, was mich beschäftigt. Konnte dieser Bursche denn meine Gedanken lesen?

„Diese Leute verbringen viel Zeit damit ... sich zu fragen, warum Gott dieses oder jenes zugelassen hat, ... oder was sie daraus schließen sollen ... Mit solchen sinnlosen Fragen können sich Kinder Gottes fast verrückt machen."

„Dazu sage ich Amen! Ich bin wahrhaftig nahe daran gewesen, verrückt zu werden. Dann meint er also, wir könnten Gottes Gedanken nicht immer verstehen?" sagte ich mir. „Wenn das also keine Weisheit ist, was dann?" Die nächsten Seiten gaben mir einige Antworten, die mein Leben wirklich verwandelten und mich veranlaßten, selbst in der Bibel zu forschen.

Ich stieß auf die Geschichte von Hiob, dem Musterbeispiel eines leidenden Menschen. Wenn je einer Antwort brauchte auf die Frage: „Warum hat Gott das zugelassen?" dann war es Hiob. Seine Kinder waren umgekommen, sein Besitz war vernichtet, beziehungsweise gestohlen, sein Körper voller Geschwüre. Erst in den letzten fünf Kapiteln des Buches tritt Gott auf den Plan, um die Fragen und die Herausforderungen Hiobs und seiner Freunde zu beantworten. Und wissen Sie, welchen Grund Gott dem Hiob für all sein Leiden angibt? Keinen. Kein Wort! Er sagt nicht: „Nun hör mal gut zu! Ich will dir erklären, warum ich dich das alles habe durchmachen lassen. Weißt du, mein Plan sieht folgendermaßen aus ..." Gott denkt gar nicht daran, Hiobs Fragen zu beantworten. Statt dessen sagt er: „Gürte doch deine Lenden wie ein Mann. Ich will *dich* fragen ... "

In den nächsten vier Kapiteln tut Gott nichts anderes, als die ehrfurchtgebietende Majestät seiner Werke in der Natur ausführlich zu beschreiben und dann Hiob zu fragen, was er dem entgegenzusetzen habe. Sehr anschaulich beschreibt der Herr die Erschaffung der Welt, die Größe der Sterne und des Weltalls, die Stärke des Ochsen, die Schönheit des Pferdes, das Wunder des tierischen Instinkts und der Ernährung aller Lebewesen durch das, was die Erde hervorbringt. „Du weißt es", sagt Gott spottend zu Hiob, „denn zu der Zeit warst du geboren, und die Zahl deiner Tage ist groß!" (Hiob 38,21).

Ich kann mir vorstellen, wie Hiob zusammenfuhr, als Gott so zu ihm sprach. (Auch ich erschauerte dabei). Warum treibt er Hiob so in die Enge? dachte ich.

Diese Beschreibung der Weisheit und Macht Gottes

in der Natur war gewiß interessant. Aber was hatte sie mit den Prüfungen Hiobs zu tun? Hiob hat nie behauptet, er habe die Welt geschaffen. Er hatte nie gesagt, er könne die Gewohnheiten der wilden Tiere erklären. Warum wies Gott darauf hin? Hiob hatte doch nie behauptet, er kenne alle Geheimnisse des Wetters, der Geburt und des Lebens. Er wollte nur verstehen, warum er seine Kinder und seinen Besitz verloren hatte und am ganzen Körper mit Geschwüren bedeckt war.

Ich fuhr fort zu lesen. Weitere Naturszenen. Weitere Beschreibungen der Größe Gottes. Weiterer Spott von Gott: „Kennst du die Zeit, da die Steinböcke gebären? ... Kannst du deine Stimme zu den Wolken erheben [und befehlen], daß dich Regengüsse bedecken? Hast du die Breiten der Erde überschaut? Weißt du das alles, so sage es mir!" (Hiob 39,1; 38, 34, 18).

Immer noch nicht verstand ich, was Gott damit sagen wollte. Aber als ich zum Kapitel 40 kam, begann es bei mir zu dämmern. Schließlich stellte Gott Hiob eine Frage, die erkennen läßt, worauf er es die ganze Zeit abgesehen hatte. „Will der Tadler mit dem Allmächtigen hadern? Wer Gott zurechtweisen will, antworte nun! ... Gürte doch deine Lenden wie ein Mann; ich will dich fragen; sage her! Willst du mir mein Recht absprechen, mir Ungerechtigkeit nachweisen, damit du gerecht seiest?" (Hiob 40,1; 40, 7-8).

So, das also war es! Gott wußte, wenn Hiob nach dem „Warum?" fragte, forderte er ihn damit auf, ihm Rechenschaft abzulegen. Es sieht so harmlos aus; doch wenn wir solche Antworten von Gott verlangen, erheben wir uns in gewisser Hinsicht über ihn. Wie töricht ist das! Wir denken oft wie Hiob, Gott behandle uns nicht gerecht. Wir tun so, als gäbe es im Himmel einen imaginären Gerichtshof, vor dem Gott Rechenschaft für sein Tun abzulegen habe. Doch wir vergessen, daß Gott selbst der Richter ist. Er ist es, der die Gerechtigkeit erfunden hat. Woran könnten wir seine Gerechtigkeit überhaupt messen? Was er tut, ist absolut gerecht.

Betrachten Sie Gottes ehrfurchtgebietende Majestät und Weisheit, die sich in den Werken seiner Schöpfung offenbart. Wie sollte sich ein solcher Gott einem winzigen, sterblichen Hiob verantworten müssen, der doch die unendliche Größe Gottes nicht einmal erahnen konnte? Wie Gott in Jeremia 49,19 sagt: „Denn wer ist mir gleich, und wer ladet mich vor, oder welcher Hirte mag vor mir bestehen?" Es war, als ob Gott sagte: "Hiob, wenn du noch nicht einmal verstehen kannst, wie ich in der Natur wirke, woher nimmst du dir dann das Recht, mich im geistlichen Bereich auszufragen, da dieses Gebiet doch noch viel schwerer zu verstehen ist!"

Als Hiob das erkannte, konnte er nur sagen: „Siehe, ich bin zu gering; was soll ich dir antworten? Ich will meine Hand auf meinen Mund legen! Ich habe einmal geredet und kann es nicht verantworten, und zum zweitenmal will ich es nicht mehr tun!" (Hiob 40, 4–5). Wie kam es, daß Hiob so empfand? Er hatte erstmals eine Ahnung davon bekommen, wer Gott in Wirklichkeit ist. Sein ganzes Leben lang hatte er Gott angebetet, doch jetzt sah er ihn zum ersten Mal so, wie er wirklich ist, und nicht nur, wie er sich ihn in seinem eigenen begrenzten

Denken vorstellte. Hiob drückte es so aus: „Vom Hörensagen hatte ich von dir gehört, aber nun sehe ich dich mit meinen Augen" (Hiob 42,5).

Meine Gedanken wandten sich von Hiob ab, und ich beschäftigte mich wieder mit meiner eigenen Situation. Ich war dankbar für das, was ich aus Gottes Sicht hatte erkennen können. Aber wie Hiob hatte auch ich noch unbeantwortete Fragen. Was war mit den Dingen, die Gott nicht offenbart hat? Wie hatte ich mich da zu verhalten? Die Antwort wurde mir blitzartig klar. Die Bibel sagt, daß unser Gott so vertrauenswürdig ist, daß wir unser Vertrauen auf ihn setzen und uns nicht auf unseren eigenen begrenzten Verstand verlassen sollen (Sprüche 3,5). Gott hat bereits bewiesen, daß wir seiner Liebe vertrauen können, weil er ja seinen Sohn, Jesus Christus, gesandt hat, um für unsere Sünden zu sterben. War das denn nicht genug? Für mich nicht. Ich wollte immer alles verstehen, sozusagen mit dem Herrn auf dem Kontrollturm sitzen, anstatt unten auf dem Flugfeld zu sein, wo alles drunter und drüber zu gehen schien. Ich mußte ihm doch helfen, er konnte doch nicht alles übersehen!

Was für eine geringe Meinung hatte ich die ganzen Jahre über von meinem Schöpfer und Herrn gehabt. Wie hatte ich es wagen können, anzunehmen, der mächtige Gott schulde mir Erklärungen! Ich konnte doch nicht meinen, ich hätte Gott einen „Gefallen" damit getan, daß ich Christ wurde, und deshalb sei er jetzt verpflichtet, die Dinge mit mir zu besprechen! War der Herr des Universums mir Rechenschaft darüber schuldig, welche Prüfungen er den einzelnen Menschen auferlegte und warum?

Hatte ich nicht in 5. Mose 29,29 gelesen: „Die Geheimnisse sind des Herrn, unseres Gottes ... "? Wie konnte ich mir nur anmaßen, ich würde alle seine Wege verstehen, selbst wenn er sie mir erklären wollte? Selbst der große Apostel Paulus mußte zugeben, daß er oft keinen Ausweg sah, wenn er auch nicht ohne Ausweg blieb (2. Korinther 4,8). Hatte Gott nicht gesagt: „Meine Gedanken sind nicht eure Gedanken, und eure Wege sind nicht meine Wege; sondern so hoch der Himmel über der Erde ist, so viel höher sind meine Wege als eure Wege und meine Gedanken als eure Gedanken" (Jesaja 55,8–9)? Sagte nicht ein Schreiber des Alten Testamentes: „Gleichwie du nicht weißt, welches der Weg des Windes ist, noch wie die Gebeine im Mutterleib bereitet werden, also kennst du auch den Weg Gottes nicht, der alles wirkt" (Prediger 11,5)? Das ganze Buch Prediger wurde geschrieben, um Leute wie mich davon zu überzeugen, daß nur Gott den Schlüssel zu den Geheimnissen des Lebens hat und daß er ihn nicht ausleiht.

„Auch hat er die Ewigkeit in ihr Herz gelegt, da sonst der Mensch das Werk, welches Gott getan hat, nicht von Anfang bis zu Ende herausfinden könnte (Prediger 3,11).

Wenn Gottes Verstand so klein wäre, daß ich ihn begreifen könnte, wäre er nicht Gott! Wie sehr hatte ich mich geirrt.

Ich dachte an die Zeit zurück, in der ich anfing, im Worte Gottes zu forschen, als sich die Mosaiksteinchen meines Leidens allmählich zusammenfügten. Wie süß war jener Vorgeschmack von Weisheit gewesen! Es ist wunderbar, unsere Nöte und

Schwierigkeiten aus der Sicht Gottes zu sehen. Aber wie sehr hatte ich mich getäuscht, als ich annahm, ich könnte einmal soweit kommen, das *ganze* Mosaik des Leids zusammenzusetzen. Denn Weisheit ist mehr, als nur unsere Probleme mit den Augen Gottes zu sehen; Weisheit bedeutet auch, ihm zu vertrauen, selbst wenn die Steinchen nicht zusammenzupassen scheinen.

16

DER HIMMEL

„Wolken", murmelte ich vor mich hin und starrte aus dem Fenster des Flugzeugs.

„Hm?" Sheryl schaute von ihrem Buch auf.

„Diese Wolken da draußen", antwortete ich. „Sieh mal!"

Sheryl lehnte sich über meine Schulter und blickte erstaunt auf das schöne Wolkenmeer. Es war kurz vor der Abenddämmerung; und die Wolkenlandschaft war so großartig, wie wir sie kaum jemals gesehen hatten: dunkles Purpurrot, helles Rosa, mattes Blau, helle Orangetöne – eine himmlische Bergkette als Rundgemälde vor der untergehenden Sonne.

„Woran denkst du bei diesem Anblick?" fragte ich.

„An Berge", sagte sie, „schwammartige Berge in Millionen Farben."

„Ich weiß," antwortete ich, den Blick immer noch auf dieses Naturschauspiel gerichtet. „Man könnte fast meinen, sie wären massiv und würden einen halten, wenn man draufspringt."

In Wirklichkeit war es natürlich anders. So schön diese Wolkengebilde auch waren, so fest sie aussahen, es war doch nur Wasserdampf – Rauchfetzen. Heute hier, morgen dort.

Ich dachte an unser Leben hier auf der Erde und was die Bibel darüber aussagt: „... Und doch wißt ihr nicht, was morgen sein wird! Denn was ist euer Leben? Ein Dampf ist es, der eine kleine Zeit sichtbar ist und darnach verschwindet" (Jakobus 4,14). Ich schaute mich im Flugzeug um. Stewardessen mit Erfrischungen, Geschäftsleute mit ihren Wirtschaftszeitungen, Mütter und Säuglinge, Touristen mit Tennisschlägern. Einige dösten vor sich hin. Andere starrten aus dem Fenster. Sie fliegen zu Verkaufsgesprächen, in den Urlaub, zu den Großeltern.

Das sieht gar nicht aus wie ein Dampf, der schnell verschwindet, dachte ich. Wir glauben in Wirklichkeit gar nicht, daß dies alles einmal ein Ende haben wird, nicht wahr? Wenn Gott uns nicht etwas anderes gesagt hätte, könnte man meinen, dieses Leben ginge immer so weiter.

Aber es wird ein Ende haben. Es dauert nicht ewig. Und es ist auch gar nicht das Höchste und Erstrebenswerteste, was es für uns Menschen gibt. Alles Schöne und Gute auf dieser Erde ist nur ein schwaches Abbild von dem, was uns im Himmel erwartet. Es ist etwa so wie mit den Bildern, die ich male. Ich zeichne Szenen aus der Natur, die mich umgibt. Aber diese Zeichnungen sind nur ein schwacher, skizzenartiger Versuch, das widerzuspiegeln, was ich sehe. Mit einem grauen Bleistift ahme ich das nach, was Gott in einer unendlichen Farbenpracht gemalt hat. Meine Zeichnungen sind durch den Rand meines Zeichenblocks begrenzt; sie können niemals die grenzenlose Weite der Natur über uns und um uns wiedergeben. Und so, wie meine Kunst in einer zwar ansprechenden, aber doch unvollkommenen Weise die Natur widerspiegelt, so ist diese uns bekannte Erde nur eine vorläufige Skizze von der Herrlichkeit, die eines Tages offenbar werden wird. Die Wirklichkeit – das eigentliche Gemälde – ist im Himmel.

Unser Problem besteht darin, daß wir von der „Wirklichkeit" dieses Lebens zu sehr in Beschlag genommen werden.

„In einem Monat liege ich im Sand von Florida und schlürfe Limonade", träumt die überarbeitete Sekretärin.

„Noch drei Wochen, dann sind wir hier raus!" denkt der Gymnasiast vor dem Abitur.

„Ist er nicht der beste Mensch der Welt?" seufzt die verliebte Braut.

„Wenn ich nur bald wieder befördert werde!" hofft der leitende Angestellte, der Karriere machen will.

Aber wenn wir dann das Gewünschte bekommen, ist es selten so schön, wie wir es uns vorgestellt hatten. Der langersehnte Urlaub ist schließlich zu kurz und zu teuer. Die Hausaufgaben im Gymnasium sind im Vergleich zum Studium an der Universität ein Kinderspiel. Der Ritter der Maid entpuppt sich als ein durchschnittlicher Ehemann, dessen Rüstung zahlreiche Risse aufweist. Und die Beförderung im Büro bringt größeren Streß und zusätzliche Kopfschmerzen mit sich. Die guten Dinge im Leben bringen uns am Ende selten die Befriedigung, die wir erhofft hatten. Und selbst wenn das der Fall sein sollte, ist die Freude meist nur von kurzer Dauer.

Deshalb sagt uns Gott in der Bibel, daß wir nach

dem trachten sollen, was droben ist (Kolosser 3,2; 1. Petrus 1,13). Die Freuden des Lebens waren nie dazu bestimmt, uns ganz auszufüllen. Sie sollten nur unseren Appetit für das Zukünftige anregen und uns auf unserer Reise, die über diese Erde zum Himmel führt, aufmuntern. „Unser Vater erquickt uns auf der Reise durch manche schöne Herberge, aber er will nicht, daß wir sie als unsere Heimat ansehen" (C.S. Lewis).

Doch leider halten wir sie eben doch für unsere Heimat. Es ist schwer, sich Gedanken über den Himmel zu machen, wenn er so weit entfernt zu sein scheint. Außerdem müssen wir sterben, um dort hinzugelangen. Und wer denkt schon gern an den Tod? Deshalb hilft uns Gott ein wenig nach, unsere Sinne auf das Jenseits zu richten. Das tut er oft in einer Weise, die uns zunächst gar nicht paßt, doch später sind wir dankbar dafür. Samuel Rutherford schrieb darüber in einem Aufsatz, den er im siebzehnten Jahrhundert verfaßte:

„Wenn mir Gott vor einiger Zeit gesagt hätte, daß er mich so glücklich machen wolle, wie es in dieser Welt nur möglich ist, und er hätte mir dann gesagt, er würde mir zu diesem Zweck einen Arm oder ein Bein lähmen und mir alle üblichen Quellen der Freude nehmen, hätte ich das für eine sehr merkwürdige Art gehalten, sein Ziel zu erreichen. Und doch, wie deutlich offenbart sich seine Weisheit selbst darin! Denn wenn Sie einen Menschen sehen sollten, der sich in einem Zimmer eingeschlossen hat, wo er eine Reihe von Lampen vergöttert und sich an ihrem Licht erfreut, und Sie wollten ihn wirklich glücklich machen, würden Sie nicht zuerst

alle seine Lampen ausblasen und dann die Fensterläden öffnen, um das Sonnenlicht hereinzulassen?"

Genau das tat Gott bei mir, als er zuließ, daß ich
mir das Genick brach. Er blies die Lichter aus, die
mein Leben erhellt und es so aufregend gemacht
hatten. Danach wurde ich in eine tiefe Verzweiflung
gestürzt. Andererseits aber erschien mir alles, was
die Bibel über den Himmel sagt, in einem ganz neu-
en Licht. Wenn Jesus eines Tages wiederkommt,
wird Gott die Fensterläden des Himmels öffnen.
Und ich zweifle keinen Augenblick daran, daß ich
mich sehr viel mehr darüber freuen und dafür bereit
sein werde, als wenn ich noch gehen könnte. Sehen
Sie, *Leiden bereitet uns zu für den Himmel.*

Wie geschieht das? *Es weckt in uns die Sehnsucht
nach der himmlischen Heimat.* Gebrochene Arme
oder Beine, Genickbruch, zerbrochene Ehen und
Familien, gebrochene Herzen – alle diese Dinge
sollen uns daran erinnern, „daß diese arme Erde
nicht unsere Heimat ist." Wenn uns bewußt wird,
daß sich unsere Hoffnungen nie erfüllen werden,
daß unser geliebter Verstorbener für immer aus diesem Leben geschieden ist, daß wir nie so schön, beliebt, erfolgreich oder berühmt sein werden, wie wir
uns das einmal vorgestellt hatten, dann schauen wir
nach oben. Unser Blick wird von dieser Welt weg
auf das zukünftige Leben gelenkt; Gott weiß, daß
sie uns ohnehin nie befriedigen könnte. Der Himmel wird unsere Leidenschaft.

Wenn ich an die Sehnsucht nach dem Himmel
denke, fällt mir Rick Spaulding ein, ein 23jähriger,
gelähmter junger Mann. Er schrieb mir kurz nachdem er mein erstes Buch gelesen hatte. Seine Briefe

waren so voller Freude und Liebe zum Herrn, daß
sie für uns alle, die sie lasen, eine Ermunterung bedeuteten. Ich wünschte, ihm einmal zu begegnen;
vielleicht könnte ich mehr über seine Verletzung erfahren, und wir könnten geistliche Erkenntnisse
austauschen oder über Rollstühle fachsimpeln.

Am 4. Juli 1976 bot sich mir die Gelegenheit,
Rick zu besuchen. Einige Freunde hatten mich für
ein paar Tage nach Philadelphia mitgenommen, wo
ich bei verschiedenen Veranstaltungen sprechen
sollte. An jenem Nachmittag hatten wir ausnahmsweise einmal nichts vor.

Da fiel mir plötzlich ein, daß Rick mit seiner Familie in Valley Forge wohnt, das nicht weit von Philadelphia entfernt ist. Wir riefen an und fragten, ob
wir Rick besuchen dürften. Kurz darauf waren wir
unterwegs nach Valley Forge.

Als wir ankamen, nahm uns Frau Spaulding beiseite, um uns auf die Begegnung mit Rick vorzube-
reiten.

„Als Rick fünfzehn Jahre alt war, stürzte er bei
einem Boxkampf in der Schule mit dem Kopf auf
den Boden der Turnhalle. Er fiel in tiefe Bewußtlo-
sigkeit. Als er wieder aufwachte, war er gelähmt."

Nun, dachte ich, dann ist er also gelähmt. Ich bin
ja auch gelähmt!

Doch dann schilderte sie uns das Ausmaß seiner
Lähmung. Wissen Sie, ich kann meine Schultern bewegen. Ich kann auch meine Oberarm-Muskeln ein
bißchen bewegen, kann lächeln und sprechen. Aber
Rick konnte nichts dergleichen. Er konnte höch-
stens den Kopf drehen und mit den Augen blinzeln;
und, um das zu lernen, hatte er Monate gebraucht.

„Ihr werdet lernen müssen, Augenlider zu lesen", kündigte uns seine Mutter an, als wir hineingingen.

Vom ersten Augenblick an hatten wir Rick gern. Da lag er in einem Lehnstuhl und konnte sein Essen nicht kauen und kein Wort sprechen. Aber umso mehr sprachen seine Augen! Im Laufe des „Gesprächs" (wir konnten uns ja nicht richtig unterhalten), lernte ich, solche Fragen zu stellen, die er leicht beantworten konnte – Fragen, auf die er ein „Ja" oder ein „Nein" blinzeln konnte.

Ricks Eltern zeigten uns eine selbstentdeckte Methode, mit deren Hilfe Rick ganze Sätze bilden konnte: eine Alphabettafel. Wenn er ein Wort buchstabieren wollte, beobachtete seine Mutter, wie er den Blick entweder auf die rechte oder die linke Seite der Tafel richtete. Dann schaute er hoch, geradeaus oder hinunter, um anzuzeigen, welche Reihe er wollte. Schließlich las seine Mutter jeden Buchstaben dieser Reihe laut vor, bis er zwinkerte. Sie schrieb den richtigen auf, und dann ging es zum nächsten.

Mit Hilfe der Tafel schrieb Rick Prüfungsarbeiten, und die Lehrbücher hörte er auf Tonband. So hatte er das Gymnasium absolviert und dann noch zwei Jahre studiert. In seinen Arbeiten für die Universität bekam er eine Eins, eine Drei und der Rest waren Zweien! (Seine einzige Drei bekam er in seinem ersten Semester Russisch. Später verbesserte er sich auf Zwei.)

Wir „sprachen" an diesem Nachmittag über manche Dinge, doch am aufregendsten war es, als wir anfingen, über unseren gemeinsamen Glauben an den Herrn Jesus und über den Himmel zu sprechen.

„Rick", sagte ich und hoffte, für ihn etwas auszusprechen, was er nicht sagen konnte, „kannst du dir vorstellen, wie schön es sein wird, wenn wir im Himmel einen neuen Körper bekommen?"

Seine Augen leuchteten auf.

„Ich weiß nicht, wie es bei dir war", fuhr ich fort, "aber als ich noch gehen konnte, habe ich nie viel an den Himmel gedacht. Ich stellte ihn mir als einen langweiligen Ort vor, wo alle Engelskostüme tragen, auf Wolken stehen und den ganzen Tag lang Gold putzen."

Rick lachte, obwohl er noch nicht einmal lächeln konnte (wenn Sie sich das vorstellen können). „Aber seit ich mich nicht mehr bewegen kann, ist mir allmählich bewußt geworden, daß ich eines Tages einen neuen Körper bekommen werde. Keine Engelsflügel! Nur Hände, die arbeiten, und Füße, die gehen. Stell dir das einmal vor! Wir werden auf unseren Füßen stehen können – laufen, gehen, arbeiten, mit Jesus reden – alles mögliche. Vielleicht werden wir sogar Tennis spielen!

Während ich sprach, bewegte Rick seine Augenlider auf und ab, auf und ab, so schnell er konnte. Das war seine Art, zu lächeln und seiner Begeisterung Ausdruck zu verleihen. Er teilte uns auf die einzige, ihm mögliche Weise mit, wie sehr er sich auf den Himmel freute. Seine Augen zwinkerten ein glänzendes Zeugnis seines Glaubens an Gott und seines Wunsches, abzuscheiden, um bei Christus zu sein und einen neuen Körper zu empfangen.

Als wir an diesem Nachmittag in Ricks Zimmer saßen und uns unterhielten, spürten wir alle – ich, meine Freundinnen, Rick und seine Familie – eine

218

starke Sehnsucht nach dem Himmel. Aber da Rick dort am meisten zu gewinnen hatte, sehnte er sich wohl am meisten danach. Einen Monat später ging sein Wunsch in Erfüllung. Im August desselben Jahres ging er heim, um beim Herrn zu sein.

Was das Leiden bei Rick bewirkt hat, kann es bei uns allen bewirken - es kann unsere Herzen auf die obere Heimat lenken, wo sie hingehören. Aber das Leiden bewirkt noch mehr: *Es bereitet uns auf die Begegnung mit Gott vor.* Überlegen Sie doch einmal: Nehmen wir an, Sie hätten nie in Ihrem Leben irgendwelche körperlichen Schmerzen gespürt. Was würden Ihnen dann die Narben an den Händen Jesu Christi bedeuten, wenn er Sie begrüßen wird? Wie wäre es, wenn man Sie nie verletzt hätte? Wie könnten Sie dann Ihren Dank in angemessener Weise zum Ausdruck bringen, wenn Sie sich dem Thron des Mannes der Schmerzen nahen, der mit Leiden vertraut war? (Jesaja 53,3). Wenn Sie nie verlegen gewesen wären, wenn Sie sich nie geschämt hätten, könnten Sie nie erahnen, wie sehr Jesus Sie geliebt hat, als er Ihre Sünden auf sich nahm.

Wenn wir ihn von Angesicht zu Angesicht sehen werden, haben wir durch unser Leiden zumindest eine leise Ahnung von dem bekommen, was er durchgemacht hat, um uns zu erlösen. Verstehen Sie, daß wir ihn deshalb um so mehr lieben werden? Und unsere Treue in diesen Leiden ermöglicht es uns, ihm auch etwas dafür zu schenken. Denn wie könnten wir unsere Liebe und Treue beweisen, wenn wir in diesem Leben so ganz ohne Narben davongekommen wären? Wie würden wir uns schämen, wenn uns unser Christentun gar nichts gekostet hätte? Leiden bereiten uns darauf vor, Gott zu begegnen.

Und noch etwas bewirkt das Leiden. Wenn wir in unseren Prüfungen treu sind, *werden wir im Himmel dafür reich belohnt.* „*Denn das schnell vorübergehende Leichte der Drangsal bewirkt in uns ein über die Maßen überreiches, ewiges Gewicht von Herrlichkeit . . .*" *(2. Korinther 4,17).* Es ist nicht so, daß der Himmel *trotz* all unserer Beschwerden während unseres Erdenlebens ein herrlicher Ort sein wird, sondern gerade *wegen* dieser Nöte. Gott benutzt meinen Rollstuhl, so unangenehm er mir auch sein mag, um meine Einstellung zu verändern und meine Treue zu ihm herauszufordern. Diese Treue wird er im Himmel belohnen. Und so dienen uns unsere irdischen Leiden nicht nur hier zum Besten, sondern erst recht in der Ewigkeit.

Nun weiß ich nicht genau, wie die Belohnung und die Schätze aussehen werden, die uns erwarten, aber sie werden gewiß des Leidens wert sein. Erinnern Sie sich noch an Ihre Kindheit, wie eines der Kinder der Star der Klasse war, weil es ein besonders schönes Spielzeug hatte? Alle anderen Kinder wollten unbedingt das gleiche Spielzeug haben. Aber als Sie im Gymnasium waren, kümmerten Sie sich nicht mehr um Spiele und Spielzeug. Auf der Universität war es dann das Wichtigste, zur Universitätsmannschaft zu gehören, einen auffallenden Wagen zu fahren oder bei einer bestimmten Gruppe beliebt zu sein.

So wird es auch sein, wenn Gott uns vollkommen machen wird. Die Dinge, die uns jetzt so wichtig erscheinen, werden dann an Bedeutung verlieren. Es wird das Begehren unseres Herzens sein, den Herrn zu preisen, der allein alles Lobes würdig ist. In gewisser Hinsicht werden alle, die in diesem Leben untreu gewesen sind und denen Gott nicht viel Lohn geben wird, ihn auch gar nicht wollen. Ich glaube, mit ihrem gereinigten Herzen werden sie gern zugeben, daß sie keine Belohnung verdient haben. Und die anderen, die Gott belohnen wird? Ihr ganzes Bestreben wird sein, Gott besser und vollkommener zu dienen. Er wird ihnen ihren Wunsch erfüllen. Sie werden das Vorrecht bekommen, ihm in besonderer Weise zu dienen – als Verwalter seiner Güter und als Säulen in seinem Tempel (Matthäus 25,23; Offenbarung 3,12).

Ich sagte, daß Gott uns eines Tages vollkommen machen wird. Das erscheint mir als das allergrößte Wunder des Himmels. Wenn Gott uns heute in den Himmel nähme, ohne uns innerlich zu verändern, wäre der Himmel nicht der Himmel. Die Reinheit und Heiligkeit an diesem Ort stießen uns ab, und wir würden uns schuldig fühlen. Nach einer gewissen Zeit würden wir uns schrecklich langweilen, genauso wie es selbst bei der interessantesten Beschäftigung auf der Erde der Fall ist.

Der Himmel wird erst himmlisch, wenn Gott uns innerlich verändert. Können Sie sich vorstellen, wie es sein wird, nie wieder zu sündigen, nie mehr von Schuldgefühlen geplagt zu werden, nie mehr niedergeschlagen oder aufgeregt zu sein? Wir werden den wunderbaren Zustand erleben, nicht nur im Paradies zu sein, sondern auch ein Herz zu haben, das fähig ist, all die Herrlichkeiten zu genießen.

Wenn ich an den Himmel denke, stelle ich mir vor, daß es so ähnlich sein wird wie das Nachhausekommen. Ich erinnere mich an die Zeit, als ich noch gehen konnte und vom Hockeytraining nach Hause kam. Wie wunderbar heimelig war das! Sobald ich die Hintertür aufstieß, erklang das vertraute Geklingel der Glocke. Im Haus erwarteten mich Dinge, Geräusche und Gerüche, die Wärme und Liebe ausstrahlten. Mama begrüßte mich mit einem frohen Lächeln, während sie das Essen in große Schüsseln schöpfte, die dann auf den Tisch kamen. Ich warf meinen Trainingsanzug hin, sprang ins Wohnzimmer und begrüßte Papa. Er drehte sich an seinem Schreibtisch um, nahm seine Brille ab, begrüßte mich mit einem lauten: „Hallo"! und fragte mich, wie das Training war.

So ähnlich wird der Himmel für Christen sein. Unser freundlicher himmlischer Vater wird uns mit offenen Armen empfangen. Jesus, unser großer Bruder, wird auch dort sein, um uns willkommen zu heißen. Wir werden uns nicht fremd oder unsicher vorkommen, sondern meinen, wir seien zu Hause... denn wir werden tatsächlich zu Hause sein. Jesus sagte, der Himmel sei ein Ort, der für uns bereitet ist.

Wir werden einen neuen Leib und neue Sinne haben. Ich werde zum ersten Mal wieder in der Lage sein, auf meine Freundinnen zuzugehen und sie zu umarmen. Ich werde meine neuen Hände vor den himmlischen Heerscharen erheben und rufen: „Das Lamm, das geschlachtet wurde, ist würdig zu empfangen... Lobpreis und Ehre! Denn es hat meine Seele von den Klauen der Sünde und des Todes befreit, und nun hat es auch meinen Körper erlöst!"

Es wird eine ausgleichende Gerechtigkeit herrschen. Gott wird unsere Tränen zählen, die er in seinen Krug aufbewahrt hat, und nicht eine einzige wird er unbemerkt lassen. Er, der alles in seiner Hand hat, wird uns den Schlüssel geben, so daß wir auch in dem sinnlosesten Leiden einen Sinn erkennen. Und das ist erst der Anfang. „Und Gott wird abwischen alle Tränen von ihren Augen, und der Tod wird nicht mehr da sein, noch Leid noch Geschrei noch Schmerz wird mehr sein; denn das Erste ist vergangen" (Offenbarung 21,4).

Freuen Sie sich darauf?

„Es spricht, der dieses bezeugt: Ja, ich komme bald! Amen, komm, Herr Jesus!" (Offenbarung 22,20).

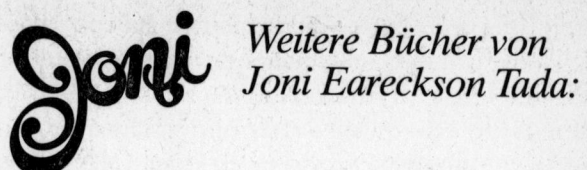 *Weitere Bücher von Joni Eareckson Tada:*

Joni
Nach einem Halswirbelbruch wird aus einem sportbegeisterten Mädchen ein hilfloser Krüppel. Durch bittere Kämpfe und viel Verzweiflung hindurch lernt sie ihr Schicksal als Herausforderung annehmen.
Taschenbuch, 240 Seiten, mit Bildteil, Bestell-Nr. 15 598

Auf neuen Wegen
Ein Buch von Joni – über ihren Film, ihren Dienst und ihre Ehe! Die Dreharbeiten zu ihrem ersten Film bedeuteten für Joni ein oft qualvolles Erinnern und Durchleiden ihrer dunkelsten Stunden. Aber sie sorgten auch für eine überraschende Wende: Joni zieht nach Kalifornien und baut ein Behinderten-Hilfswerk auf. Und eines Tages begegnet sie Ken Tada!
Gebundene Ausgabe, 320 Seiten + 16 Seiten Bildteil, Bestell-Nr. 15 080

Freundschaft ohne Hindernisse
Hilfen für Nichtbehinderte.
„Nur weil ich die Beine nicht bewegen kann, glauben die Leute, auch mein Verstand sei behindert!" Unzutreffende Vermutungen, ja Vorurteile erschweren das tägliche Miteinander von Behinderten und Nichtbehinderten. Dabei gibt es so viele Möglichkeiten, auf behinderte Mitmenschen einzugehen und ihnen zu zeigen, daß man sie versteht. Wie man das macht und was man dabei beachten sollte, das erzählt in diesem humorvollen, lebendig geschrieben Buch eine Autorin, die es wissen muß!
Paperback, 160 Seiten, Bestell-Nr. 15 098